TRANZLATY

La Langue est pour tout le Monde
语言属于每个人

L'appel de la forêt

野性的呼唤

Jack London

Français / 普通话

Dans le primitif
进入原始

Buck ne lisait pas les journaux.

巴克不看报纸。

S'il avait lu les journaux, il aurait su que des problèmes se préparaient.

如果他读过报纸，他就会知道麻烦即将来临。

Il y avait des problèmes non seulement pour lui-même, mais pour tous les chiens de la marée.

不仅他自己有麻烦，每一只潮水狗都遇到麻烦。

Tout chien musclé et aux poils longs et chauds allait avoir des ennuis.

每只肌肉发达、毛发温暖且长的狗都会遇到麻烦。

De Puget Bay à San Diego, aucun chien ne pouvait échapper à ce qui allait arriver.

从普吉特湾到圣地亚哥，没有一只狗能够逃脱即将发生的一切。

Des hommes, tâtonnant dans l'obscurité de l'Arctique, avaient trouvé un métal jaune.

人们在北极的黑暗中摸索，发现了一种黄色的金属。

Les compagnies de navigation et de transport étaient à la recherche de cette découverte.

轮船和运输公司都在追逐这一发现。

Des milliers d'hommes se précipitaient vers le Nord.

数以千计的士兵涌入北国。

Ces hommes voulaient des chiens, et les chiens qu'ils voulaient étaient des chiens lourds.

这些人想要狗，而且他们想要的狗是重型狗。

Chiens dotés de muscles puissants pour travailler.

拥有强健肌肉、能吃苦耐劳的狗。

Chiens avec des manteaux de fourrure pour les protéger du gel.

狗有毛皮来抵御霜冻。

Buck vivait dans une grande maison dans la vallée ensoleillée de Santa Clara.

巴克住在阳光明媚的圣克拉拉谷的一所大房子里。

La maison du juge Miller s'appelait ainsi.

这是米勒法官的住所，也就是他的房子。

Sa maison se trouvait en retrait de la route, à moitié cachée parmi les arbres.

他的房子远离道路，半隐藏在树林中。

On pouvait apercevoir la large véranda qui courait autour de la maison.

人们可以瞥见环绕房屋的宽阔阳台。

On accédait à la maison par des allées gravillonnées.

通往房屋的路是碎石车道。

Les sentiers serpentaient à travers de vastes pelouses.

小路蜿蜒穿过宽阔的草坪。

Au-dessus de nos têtes se trouvaient les branches entrelacées de grands peupliers.

头顶上是高大的白杨树交错的枝干。

À l'arrière de la maison, les choses étaient encore plus spacieuses.

房子的后部空间更加宽敞。

Il y avait de grandes écuries, où une douzaine de palefreniers discutaient

那里有大马厩，十几个马夫正在聊天

Il y avait des rangées de maisons de serviteurs recouvertes de vigne

有一排排爬满藤蔓的仆人小屋

Et il y avait une gamme infinie et ordonnée de toilettes extérieures

还有一排排整齐排列的户外厕所

Longues tonnelles de vigne, pâturages verts, vergers et parcelles de baies.

长长的葡萄架、绿色的牧场、果园和浆果园。

Ensuite, il y avait l'usine de pompage du puits artésien.

然后还有自流井的抽水站。

Et il y avait le grand réservoir en ciment rempli d'eau.
那里有一个装满水的大水泥罐。

C'est ici que les garçons du juge Miller ont fait leur plongeon matinal.
米勒法官的儿子们在这里进行了晨间跳水。

Et ils se sont rafraîchis là-bas aussi dans l'après-midi chaud.
在炎热的下午，它们也在那里降温。

Et sur ce grand domaine, Buck était celui qui régnait sur tout.
在这片广阔的土地上，巴克是统治者。

Buck est né sur cette terre et y a vécu toutes ses quatre années.
巴克在这片土地上出生，并在这里度过了他一生的四年。

Il y avait bien d'autres chiens, mais ils n'avaient pas vraiment d'importance.
确实还有其他狗，但它们并不重要。

D'autres chiens étaient attendus dans un endroit aussi vaste que celui-ci.
在如此广阔的地方，预计还会有其他狗。

Ces chiens allaient et venaient, ou vivaient à l'intérieur des chenils très fréquentés.
这些狗来来去去，或者住在繁忙的狗舍里。

Certains chiens vivaient cachés dans la maison, comme Toots et Ysabel.
有些狗像 Toots 和 Ysabel 一样，隐居在屋子里。

Toots était un carlin japonais, Ysabel un chien nu mexicain.
图茨是一只日本哈巴狗，伊莎贝尔是一只墨西哥无毛犬。

Ces étranges créatures sortaient rarement de la maison.
这些奇怪的生物很少走出屋子。

Ils n'ont pas touché le sol, ni respiré l'air libre à l'extérieur.
它们没有接触地面，也没有嗅到外面的空气。

Il y avait aussi les fox-terriers, au moins une vingtaine.
还有猎狐梗，数量至少有二十只。

Ces terriers aboyaient férocement sur Toots et Ysabel à l'intérieur.

这些梗犬在室内对着 Toots 和 Ysabel 凶猛地吠叫。

Toots et Ysabel sont restés derrière les fenêtres, à l'abri du danger.

图茨和伊莎贝尔躲在窗户后面，没有受到伤害。

Ils étaient gardés par des domestiques munies de balais et de serpillères.

他们由拿着扫帚和拖把的女佣守护着。

Mais Buck n'était pas un chien de maison, et il n'était pas non plus un chien de chenil.

但巴克不是家犬，也不是犬舍犬。

L'ensemble de la propriété appartenait à Buck comme son royaume légitime.

全部财产都属于巴克，是他的合法领地。

Buck nageait dans le réservoir ou partait à la chasse avec les fils du juge.

巴克在水箱里游泳或与法官的儿子们一起去打猎。

Il marchait avec Mollie et Alice tôt ou tard le soir.

他总是在清晨或深夜与莫莉和爱丽丝一起散步。

Lors des nuits froides, il s'allongeait devant le feu de la bibliothèque avec le juge.

在寒冷的夜晚，他与法官一起躺在图书馆的火炉前。

Buck a promené les petits-fils du juge sur son dos robuste.

巴克用它强壮的背背载着法官的孙子们。

Il roula dans l'herbe avec les garçons, les surveillant de près.

他和孩子们一起在草地上打滚，密切守护着他们。

Ils s'aventurèrent jusqu'à la fontaine et même au-delà des champs de baies.

他们冒险前往喷泉，甚至穿过浆果田。

Parmi les fox terriers, Buck marchait toujours avec une fierté royale.

在猎狐梗中，巴克总是带着高贵的骄傲。

Il ignora Toots et Ysabel, les traitant comme s'ils étaient de l'air.

他无视 Toots 和 Ysabel，把他们当空气一样对待。

Buck régnait sur toutes les créatures vivantes sur les terres du juge Miller.

巴克统治着米勒法官土地上的所有生物。

Il régnait sur les animaux, les insectes, les oiseaux et même les humains.

他统治着动物、昆虫、鸟类，甚至人类。

Le père de Buck, Elmo, était un énorme et fidèle Saint-Bernard.

巴克的父亲埃尔莫是一只体型巨大、忠诚的圣伯纳犬。

Elmo n'a jamais quitté le juge et l'a servi fidèlement.

艾摩从未离开过法官的身边，并忠实地为他服务。

Buck semblait prêt à suivre le noble exemple de son père.

巴克似乎准备效仿父亲的高尚榜样。

Buck n'était pas aussi gros, pesant cent quarante livres.

巴克的体型没有那么大，体重只有一百四十磅。

Sa mère, Shep, était un excellent chien de berger écossais.

他的母亲谢普（Shep）是一只优秀的苏格兰牧羊犬。

Mais même avec ce poids, Buck marchait avec une présence royale.

但即使体重如此之重，巴克走路时依然带着高贵的气质。

Cela venait de la bonne nourriture et du respect qu'il recevait toujours.

这源于他一直以来所受到的美食和尊重。

Pendant quatre ans, Buck a vécu comme un noble gâté.

四年来，巴克过着像被宠坏的贵族一样的生活。

Il était fier de lui, et même légèrement égoïste.

他对自己很骄傲，甚至有点自负。

Ce genre de fierté était courant chez les seigneurs des régions reculées.

这种骄傲在边远的国主中很常见。

Mais Buck s'est sauvé de devenir un chien de maison choyé.
但巴克避免了成为被宠坏的家犬。

Il est resté mince et fort grâce à la chasse et à l'exercice.
他通过狩猎和锻炼保持了精瘦和强壮。

Il aimait profondément l'eau, comme les gens qui se baignent dans les lacs froids.
他深爱水，就像在冷湖中沐浴的人一样。

Cet amour pour l'eau a gardé Buck fort et en très bonne santé.
对水的热爱让巴克保持着强壮、健康的体魄。

C'était le chien que Buck était devenu à l'automne 1897.
这就是巴克在 1897 年秋天变成的那只狗。

Lorsque la découverte du Klondike a attiré des hommes vers le Nord gelé.
当克朗代克矿脉将人们吸引到冰冻的北方时。

Des gens du monde entier se sont précipités vers ce pays froid.
人们从世界各地涌入这片寒冷的土地。

Buck, cependant, ne lisait pas les journaux et ne comprenait pas les nouvelles.
然而，巴克不看报纸，也不懂新闻。

Il ne savait pas que Manuel était un homme désagréable à fréquenter.
他不知道曼努埃尔是个坏人。

Manuel, qui aidait au jardin, avait un problème grave.
在花园帮忙的曼努埃尔遇到了一个严重的问题。

Manuel était accro aux jeux de loterie chinois.
曼努埃尔沉迷于中国彩票赌博。

Il croyait également fermement en un système fixe pour gagner.
他也坚信固定的制胜体系。

Cette croyance rendait son échec certain et inévitable.
这种信念使他的失败成为必然和不可避免的结果。

Jouer un système exige de l'argent, ce qui manquait à Manuel.

玩系统需要钱，而曼努埃尔缺乏钱。

Son salaire suffisait à peine à subvenir aux besoins de sa femme et de ses nombreux enfants.

他的工资仅够养活他的妻子和几个孩子。

La nuit où Manuel a trahi Buck, les choses étaient normales.

曼努埃尔背叛巴克的那天晚上，一切都很正常。

Le juge était présent à une réunion de l'Association des producteurs de raisins secs.

法官当时正在参加葡萄干种植者协会的会议。

Les fils du juge étaient alors occupés à former un club d'athlétisme.

当时，法官的儿子们正忙着组建一个运动俱乐部。

Personne n'a vu Manuel et Buck sortir par le verger.

没有人看到曼努埃尔和巴克穿过果园离开。

Buck pensait que cette promenade n'était qu'une simple promenade nocturne.

巴克以为这次散步只是一次简单的夜间散步。

Ils n'ont rencontré qu'un seul homme à la station du drapeau, à College Park.

他们在学院公园的旗站只遇见了一个人。

Cet homme a parlé à Manuel et ils ont échangé de l'argent.

那个男人和曼努埃尔交谈，然后他们交换了钱。

« Emballez les marchandises avant de les livrer », a-t-il suggéré.

他建议道："发货前先把货物包好。"

La voix de l'homme était rauque et impatiente lorsqu'il parlait.

男人说话的声音很粗鲁，带着一丝不耐烦。

Manuel a soigneusement attaché une corde épaisse autour du cou de Buck.

曼努埃尔小心翼翼地将一根粗绳子绑在巴克的脖子上。

« Tournez la corde et vous l'étoufferez abondamment »

"拧动绳子，你就能把他勒死"

L'étranger émit un grognement, montrant qu'il comprenait bien.

陌生人咕哝了一声，表示他明白了。

Buck a accepté la corde avec calme et dignité tranquille ce jour-là.

那天，巴克平静而庄重地接受了绳子。

C'était un acte inhabituel, mais Buck faisait confiance aux hommes qu'il connaissait.

这是一个不寻常的举动，但巴克信任他认识的人。

Il croyait que leur sagesse allait bien au-delà de sa propre pensée.

他相信他们的智慧远远超出了他自己的思维。

Mais ensuite la corde fut remise entre les mains de l'étranger.

但随后绳子就被交到了陌生人的手中。

Buck émit un grognement sourd qui avertissait avec une menace silencieuse.

巴克发出一声低沉的咆哮，带着无声的威胁和警告。

Il était fier et autoritaire, et voulait montrer son mécontentement.

他骄傲而威严，意在表达他的不满。

Buck pensait que son avertissement serait compris comme un ordre.

巴克相信他的警告会被理解为命令。

À sa grande surprise, la corde se resserra rapidement autour de son cou épais.

令他震惊的是，绳子紧紧地勒住了他粗壮的脖子。

Son air fut coupé et il commença à se battre dans une rage soudaine.

他的呼吸被切断，他突然愤怒地开始战斗。

Il s'est jeté sur l'homme, qui a rapidement rencontré Buck en plein vol.

他向那人扑去，那人很快在半空中与巴克相遇。

L'homme attrapa Buck par la gorge et le fit habilement tourner dans les airs.

那人抓住巴克的喉咙，熟练地将他扭到空中。

Buck a été violemment projeté au sol, atterrissant à plat sur le dos.

巴克被重重地摔倒，仰面朝天地摔在地上。

La corde l'étranglait alors cruellement tandis qu'il donnait des coups de pied sauvages.

当他疯狂地踢腿时，绳子残忍地勒住了他。

Sa langue tomba, sa poitrine se souleva, mais il ne reprit pas son souffle.

他的舌头掉了下来，胸口起伏，但却没有呼吸。

Il n'avait jamais été traité avec une telle violence de sa vie.

他一生中从未遭受过如此暴力的对待。

Il n'avait jamais été rempli d'une fureur aussi profonde auparavant.

他也从来没有感到过如此强烈的愤怒。

Mais le pouvoir de Buck s'est estompé et ses yeux sont devenus vitreux.

但巴克的力量逐渐减弱，他的眼神变得呆滞。

Il s'est évanoui juste au moment où un train s'arrêtait à proximité.

就在附近一列火车停下来时，他昏了过去。

Les deux hommes le jetèrent alors rapidement dans le fourgon à bagages.

随后两人迅速将他扔进行李车。

La chose suivante que Buck ressentit fut une douleur dans sa langue enflée.

巴克接下来感觉到的是肿胀的舌头疼痛。

Il se déplaçait dans un chariot tremblant, à peine conscient.

他坐在摇晃的车里，意识模糊。

Le cri aigu d'un sifflet de train indiqua à Buck où il se trouvait.

火车的尖锐汽笛声告诉了巴克他的位置。

Il avait souvent roulé avec le juge et connaissait ce sentiment.

他经常和法官一起骑马，所以了解这种感觉。

C'était le choc unique de voyager à nouveau dans un fourgon à bagages.

这是再次乘坐行李车旅行时独特的震撼。

Buck ouvrit les yeux et son regard brûla de rage.

巴克睁开双眼，目光中燃烧着愤怒。

C'était la colère d'un roi fier déchu de son trône.

这是一位被从王位上赶下来的骄傲国王的愤怒。

Un homme a tenté de l'attraper, mais Buck a frappé en premier.

一个人伸手去抓他，但巴克先动手了。

Il enfonça ses dents dans la main de l'homme et la serra fermement.

他咬住男人的手，紧紧地握住。

Il ne l'a pas lâché jusqu'à ce qu'il s'évanouisse une deuxième fois.

直到第二次昏过去，他才松手。

« Ouais, il a des crises », murmura l'homme au bagagiste.

"是的，发作了，"那人对行李员低声说道。

Le bagagiste avait entendu la lutte et s'était approché.

行李员听到了打斗声并走近了。

« Je l'emmène à Frisco pour le patron », a expliqué l'homme.

"我要带他去旧金山见老板，"那人解释道。

« Il y a un excellent vétérinaire qui dit pouvoir les guérir. »

"那里有一位优秀的狗医生，他说他可以治好它们。"

Plus tard dans la soirée, l'homme a donné son propre récit complet.

当晚晚些时候，该男子讲述了他的完整经历。

Il parlait depuis un hangar derrière un saloon sur les quais.

他在码头一家酒吧后面的棚子里发表了讲话。

« Tout ce qu'on m'a donné, c'était cinquante dollars », se plaignit-il au vendeur du saloon.

"我只得到了五十美元，"他向酒吧服务员抱怨道。

« Je ne le referais pas, même pour mille dollars en espèces. »

"我不会再这么做了，哪怕是为了一千美元现金。"

Sa main droite était étroitement enveloppée dans un tissu ensanglanté.

他的右手被一块沾满鲜血的布紧紧包裹着。

Son pantalon était déchiré du genou au pied.

他的裤腿从膝盖到脚被撕开了一道口子。

« Combien a été payé l'autre idiot ? » demanda le vendeur du saloon.

"另一个家伙得到了多少钱？"酒吧服务员问道。

« Cent », répondit l'homme, « il n'accepterait pas un centime de moins. »

"一百，"那人回答，"少一分钱他也不会收。"

« Cela fait cent cinquante », dit le vendeur du saloon.

"一共一百五十，"酒吧老板说。

« Et il vaut tout ça, sinon je ne suis pas meilleur qu'un imbécile. »

"他值得我为他付出一切，否则我就和傻瓜没什么两样。"

L'homme ouvrit les emballages pour examiner sa main.

该男子打开包装纸检查他的手。

La main était gravement déchirée et couverte de sang séché.

这只手被严重撕裂，上面布满了干涸的血迹。

« Si je n'ai pas l' hydrophobie... » commença-t-il à dire.

"如果我没有得恐水症……"他开始说道。

« Ce sera parce que tu es né pour être pendu », dit-il en riant.

"那是因为你生来就是要挂的，"一阵笑声传来。

« Viens m'aider avant de partir », lui a-t-on demandé.

有人问道："走之前先来帮我一下。"

Buck était dans un état second à cause de la douleur dans sa langue et sa gorge.

巴克因舌头和喉咙疼痛而陷入昏迷。

Il était à moitié étranglé et pouvait à peine se tenir debout.

他被勒得半死，几乎站不起来。

Pourtant, Buck essayait de faire face aux hommes qui l'avaient blessé ainsi.

尽管如此，巴克还是试图面对那些伤害过他的人。

Mais ils le jetèrent à terre et l'étranglèrent une fois de plus.

但他们又一次把他摔倒并勒住他的脖子。

Ce n'est qu'à ce moment-là qu'ils ont pu scier son lourd collier de laiton.

只有这样，他们才能锯掉他沉重的黄铜项圈。

Ils ont retiré la corde et l'ont poussé dans une caisse.

他们解开绳子，把他塞进一个板条箱里。

La caisse était petite et avait la forme d'une cage en fer brut.

这个箱子很小，形状像一个粗糙的铁笼子。

Buck resta allongé là toute la nuit, rempli de colère et d'orgueil blessé.

巴克整晚躺在那里，心中充满愤怒和受伤的自尊。

Il ne pouvait pas commencer à comprendre ce qui lui arrivait.

他无法理解自己身上到底发生了什么事。

Pourquoi ces hommes étranges le gardaient-ils dans cette petite caisse ?

这些陌生人为什么要把他关在这个小箱子里？

Que voulaient-ils de lui et pourquoi cette cruelle captivité ?

他们想要从他身上得到什么？为什么要对他进行如此残酷的囚禁？

Il ressentait une pression sombre, un sentiment de catastrophe qui se rapprochait.

他感到一股黑暗的压力；一种灾难正在逼近的感觉。

C'était une peur vague, mais elle pesait lourdement sur son esprit.

这是一种模糊的恐惧，但它却沉重地压在他的心头。

Il a sursauté à plusieurs reprises lorsque la porte du hangar a claqué.

有好几次，当棚门嘎嘎作响时，他都跳了起来。

Il s'attendait à ce que le juge ou les garçons apparaissent et le sauvent.

他希望法官或男孩们出现并拯救他。

Mais à chaque fois, seul le gros visage du tenancier de bar apparaissait à l'intérieur.

但每次只有酒吧老板的胖脸向里面张望。

Le visage de l'homme était éclairé par la faible lueur d'une bougie de suif.

一支牛脂蜡烛昏暗的光芒照亮了男人的脸。

À chaque fois, l'aboiement joyeux de Buck se transformait en un grognement bas et colérique.

每次，巴克欢快的吠叫都会变成低沉而愤怒的咆哮。

Le tenancier du saloon l'a laissé seul pour la nuit dans la caisse

酒吧老板把他独自留在板条箱里过夜

Mais quand il se réveilla le matin, d'autres hommes arrivèrent.

但当他早上醒来时，更多的人来了。

Quatre hommes sont venus et ont ramassé la caisse avec précaution, sans un mot.

四个男人走了过来，一言不发地小心翼翼地抬起了板条箱。

Buck comprit immédiatement dans quelle situation il se trouvait.

巴克立刻意识到自己所处的境地。

Ils étaient d'autres bourreaux qu'il devait combattre et craindre.

他们进一步折磨着他，他必须与之斗争，并惧怕他们。

Ces hommes avaient l'air méchants, en haillons et très mal soignés.

这些人看上去邪恶、衣衫褴褛，而且衣着很差。

Buck grogna et se jeta férocement sur eux à travers les barreaux.

巴克咆哮着，透过栅栏凶猛地向他们扑来。

Ils se sont contentés de rire et de le frapper avec de longs bâtons en bois.

他们只是大笑并用长木棍戳他。

Buck a mordu les bâtons, puis s'est rendu compte que c'était ce qu'ils aimaient.

巴克咬了咬树枝，然后意识到这就是它们喜欢的东西。

Il s'allongea donc tranquillement, maussade et brûlant d'une rage silencieuse.

于是他静静地躺下，闷闷不乐，心中却燃烧着愤怒。

Ils ont soulevé la caisse dans un chariot et sont partis avec lui.

他们把板条箱抬到一辆马车上，然后把他带走了。

La caisse, avec Buck enfermé à l'intérieur, changeait souvent de mains.

巴克被锁在箱子里，箱子经常易手。

Les employés du bureau express ont pris les choses en main et l'ont traité brièvement.

快递办公室的工作人员接手了此事，并对他进行了简单的处理。

Puis un autre chariot transporta Buck à travers la ville bruyante.

然后另一辆马车载着巴克穿过喧闹的小镇。

Un camion l'a emmené avec des cartons et des colis sur un ferry.

一辆卡车将他连同箱子和包裹一起运上了渡船。

Après la traversée, le camion l'a déchargé dans un dépôt ferroviaire.

过境后，卡车将他卸在了火车站。

Finalement, Buck fut placé dans une voiture express en attente.

最后，巴克被安置在一辆等候的快车车厢里。

Pendant deux jours et deux nuits, les trains ont emporté la voiture express.

两天两夜，火车拉着特快车前行。

Buck n'a ni mangé ni bu pendant tout le douloureux voyage.

在整个痛苦的旅途中，巴克既没吃也没喝。

Lorsque les messagers express ont essayé de l'approcher, il a grogné.

当快递员试图接近他时，他发出咆哮声。

Ils ont réagi en se moquant de lui et en le taquinant cruellement.

他们以残酷的方式嘲笑和戏弄他。

Buck se jeta sur les barreaux, écumant et tremblant

巴克猛地扑向铁栏，口吐白沫，浑身发抖

ils ont ri bruyamment et l'ont raillé comme des brutes de cour d'école.

他们大笑起来，像校园恶霸一样嘲笑他。

Ils aboyaient comme de faux chiens et battaient des bras.

他们像假狗一样狂吠，并挥舞着手臂。

Ils ont même chanté comme des coqs juste pour le contrarier davantage.

它们甚至像公鸡一样啼叫，只是为了让他更加难过。

C'était un comportement stupide, et Buck savait que c'était ridicule.

这是愚蠢的行为，巴克知道这很荒谬。

Mais cela n'a fait qu'approfondir son sentiment d'indignation et de honte.

但这只会加深他的愤怒和羞耻感。

Il n'a pas été trop dérangé par la faim pendant le voyage.

旅途中他并没有太受饥饿的困扰。

Mais la soif provoquait une douleur aiguë et une souffrance insupportable.

但口渴会带来剧烈的疼痛和难以忍受的痛苦。

Sa gorge sèche et enflammée et sa langue brûlaient de chaleur.

他的喉咙和舌头干燥发炎，灼热难耐。

Cette douleur alimentait la fièvre qui montait dans son corps fier.

这种痛苦使他骄傲的身体里升起了高烧。

Buck était reconnaissant pour une seule chose au cours de ce procès.

在这次审判中，巴克唯一感恩的就是一件事。

La corde avait été retirée de son cou épais.

他粗壮脖子上的绳子已经解开了。

La corde avait donné à ces hommes un avantage injuste et cruel.

绳索给那些人带来了不公平且残酷的优势。

Maintenant, la corde avait disparu et Buck jura qu'elle ne reviendrait jamais.

现在绳子不见了，巴克发誓它永远不会回来。

Il a décidé qu'aucune corde ne passerait plus jamais autour de son cou.

他决心不再让绳子缠绕自己的脖子。

Pendant deux longs jours et deux longues nuits, il souffrit sans nourriture.

漫长的两天两夜，他没有吃东西，苦不堪言。

Et pendant ces heures, il a développé une énorme rage en lui.

在那几个小时里，他内心充满了愤怒。

Ses yeux sont devenus injectés de sang et sauvages à cause d'une colère constante.

他的眼睛因持续的愤怒而变得布满血丝，充满狂野。

Il n'était plus Buck, mais un démon aux mâchoires claquantes.

他不再是巴克，而是一个有着尖利下巴的恶魔。

Même le juge n'aurait pas reconnu cette créature folle.

甚至连法官都不会认识这个疯狂的生物。

Les messagers express ont soupiré de soulagement lorsqu'ils ont atteint Seattle

快递员们到达西雅图后松了一口气

Quatre hommes ont soulevé la caisse et l'ont amenée dans une cour arrière.

四个男人抬起板条箱并将其运送到后院。

La cour était petite, entourée de murs hauts et solides.

院子不大，四周都是高大坚固的围墙。

Un grand homme sortit, vêtu d'un pull rouge affaissé.

一个身材高大的男人穿着松垮的红色毛衣走了出来。

Il a signé le carnet de livraison d'une écriture épaisse et audacieuse.

他用粗壮的字体在交货簿上签名。

Buck sentit immédiatement que cet homme était son prochain bourreau.

巴克立刻意识到这个人就是他的下一个折磨者。

Il se jeta violemment sur les barreaux, les yeux rouges de fureur.

他猛烈地向栅栏猛扑过去，眼睛里充满了愤怒。

L'homme sourit simplement sombrement et alla chercher une hachette.

那人只是阴沉地笑了笑，然后去拿一把斧头。

Il portait également une massue dans sa main droite épaisse et forte.

他还用粗壮有力的右手拿着一根球杆。

« Tu vas le sortir maintenant ? » demanda le chauffeur, inquiet.

司机担心的问道："你现在要带他出去吗？"

« Bien sûr », dit l'homme en enfonçant la hachette dans la caisse comme levier.

"当然可以，"男人说着，把斧头插进板条箱，当作杠杆。

Les quatre hommes se dispersèrent instantanément et sautèrent sur le mur de la cour.

四个人立刻四散开来，跳上了院子的围墙。

Depuis leurs endroits sûrs, ils attendaient d'assister au spectacle.

他们在上面的安全地点等待观看这一奇观。

Buck se jeta sur le bois éclaté, le mordant et le secouant violemment.

巴克猛扑向碎木头，猛烈地咬着，颤抖着。

Chaque fois que la hachette touchait la cage, Buck était là pour l'attaquer.

每次斧头砍到笼子时，巴克都会攻击它。

Il grogna et claqua des dents avec une rage folle, impatient d'être libéré.

他狂怒地咆哮着、撕咬着，渴望得到释放。

L'homme dehors était calme et stable, concentré sur sa tâche.

外面的男人镇定而坚定，专心于自己的任务。

« Bon, alors, espèce de diable aux yeux rouges », dit-il lorsque le trou fut grand.

"好吧，你这个红眼魔鬼，" 当洞变大时，他说。

Il laissa tomber la hachette et prit le gourdin dans sa main droite.

他扔掉斧头，用右手拿起棍棒。

Buck ressemblait vraiment à un diable ; les yeux injectés de sang et flamboyants.

巴克看起来真的像个魔鬼；眼睛里布满血丝，怒火中烧。

Son pelage se hérissait, de la mousse s'échappait de sa bouche, ses yeux brillaient.

他的外套竖了起来，嘴里冒着泡沫，眼睛闪闪发光。

Il rassembla ses muscles et se jeta directement sur le pull rouge.

他绷紧肌肉，径直向红色毛衣扑去。

Cent quarante livres de fureur s'abattèrent sur l'homme calme.

一百四十磅的愤怒向这个平静的男人袭来。

Juste avant que ses mâchoires ne se referment, un coup terrible le frappa.

就在他咬紧牙尖之前，他遭受了一次可怕的打击。

Ses dents claquèrent l'une contre l'autre, rien d'autre que l'air

他的牙齿在空气中咬合

une secousse de douleur résonna dans son corps

一阵剧痛传遍他的全身

Il a fait un saut périlleux en plein vol et s'est écrasé sur le dos et sur le côté.

他在半空中翻转，然后背部和侧面着地。

Il n'avait jamais ressenti auparavant le coup d'un gourdin et ne pouvait pas le saisir.

他以前从未感受过棍棒的打击，无法理解。

Avec un grognement strident, mi-aboiement, mi-cri, il bondit à nouveau.

他发出一声尖锐的咆哮，一半是吠叫，一半是尖叫，然后再次跳跃。

Un autre coup brutal le frappa et le projeta au sol.

又一次残酷的打击击中了他，并将他摔倒在地。

Cette fois, Buck comprit : c'était la lourde massue de l'homme.

这回巴克明白了——那是那人的沉重棍棒。

Mais la rage l'aveuglait, et il n'avait aucune idée de retraite.

但愤怒蒙蔽了他的双眼，他没有退缩的念头。

Douze fois il s'est lancé et douze fois il est tombé.

他跳伞十二次，坠落十二次。

Le gourdin en bois le frappait à chaque fois avec une force impitoyable et écrasante.

木棍每次都以无情、毁灭性的力量砸向他。

Après un coup violent, il se releva en titubant, étourdi et lent.

猛烈的一击之后，他踉跄着站了起来，头晕目眩，行动迟缓。

Du sang coulait de sa bouche, de son nez et même de ses oreilles.

他的嘴里、鼻子里、甚至耳朵里都流着血。

Son pelage autrefois magnifique était maculé de mousse sanglante.

他曾经美丽的外套上沾满了血迹斑斑的泡沫。

Alors l'homme s'est avancé et a donné un coup violent au nez.

然后那人走上前去，狠狠地打了他的鼻子一拳。

L'agonie était plus vive que tout ce que Buck avait jamais ressenti.

这种痛苦比巴克曾经感受过的任何痛苦都要剧烈。

Avec un rugissement plus bête que chien, il bondit à nouveau pour attaquer.

他发出一声比狗更像野兽的吼叫，再次跳跃起来发起攻击。

Mais l'homme attrapa sa mâchoire inférieure et la tourna vers l'arrière.

但那人抓住了他的下巴，并将其向后扭去。

Buck fit un saut périlleux et s'écrasa à nouveau violemment.

巴克翻了个身，再次重重地摔倒在地。

Une dernière fois, Buck se précipita sur lui, maintenant à peine capable de se tenir debout.

最后一次，巴克向他冲过来，现在他几乎站不起来。

L'homme a frappé avec un timing expert, délivrant le coup final.

该名男子精准把握时机，给予了最后一击。

Buck s'est effondré, inconscient et immobile.

巴克倒在地上，失去意识，一动不动。

« Il n'est pas mauvais pour dresser les chiens, c'est ce que je dis », a crié un homme.

"我说的是实话，他驯狗的技术真不错，"一名男子喊道。

« Druther peut briser la volonté d'un chien n'importe quel jour de la semaine. »

"德鲁瑟可以在任何一天摧毁猎犬的意志。"

« Et deux fois un dimanche ! » a ajouté le chauffeur.

"而且是周日两次！"司机补充道。

Il monta dans le chariot et fit claquer les rênes pour partir.

他爬上马车，拉紧缰绳准备离开。

Buck a lentement repris le contrôle de sa conscience

巴克慢慢恢复了意识

mais son corps était encore trop faible et brisé pour bouger.

但他的身体仍然虚弱无力，无法动弹。

Il resta allongé là où il était tombé, regardant l'homme au pull rouge.

他躺在倒下的地方，看着那个穿红毛衣的男人。

« Il répond au nom de Buck », dit l'homme en lisant à haute voix.

"他的名字叫巴克，"那人大声读道。

Il a cité la note envoyée avec la caisse de Buck et les détails.

他引用了巴克的板条箱随附的便条和详细信息。

« Eh bien, Buck, mon garçon », continua l'homme d'un ton amical,

"好吧，巴克，我的孩子，"那人用友善的语气继续说道，

« Nous avons eu notre petite dispute, et maintenant c'est fini entre nous. »

"我们刚刚吵了一架，现在一切都结束了。"

« Tu as appris à connaître ta place, et j'ai appris à connaître la mienne », a-t-il ajouté.

他补充道："你已经了解了自己的位置，我也了解了我的位置。"

« Sois sage, tout ira bien et la vie sera agréable. »

"心存善念，万事如意，生活就会幸福美满。"

« Mais sois méchant, et je te botterai les fesses, compris ? »

"但如果你要是表现不好，我就把你打得落花流水，明白吗？"

Tandis qu'il parlait, il tendit la main et tapota la tête douloureuse de Buck.

他一边说着，一边伸手拍了拍巴克疼痛的头。

Les cheveux de Buck se dressèrent au contact de l'homme, mais il ne résista pas.

男人一碰巴克，他的汗毛就竖了起来，但他没有反抗。

L'homme lui apporta de l'eau, que Buck but à grandes gorgées.

那人给他拿来水，巴克大口大口地喝着。

Puis vint la viande crue, que Buck dévora morceau par morceau.

接下来是生肉，巴克一块块地吃着。

Il savait qu'il était battu, mais il savait aussi qu'il n'était pas brisé.

他知道自己被打败了，但他也知道自己没有被打败。

Il n'avait aucune chance contre un homme armé d'une matraque.

面对一个手持棍棒的人，他毫无抵抗能力。

Il avait appris la vérité et il n'a jamais oublié cette leçon.

他已经了解了真相，并且永远不会忘记这个教训。

Cette arme était le début de la loi dans le nouveau monde de Buck.

那件武器是巴克新世界中法律的开端。

C'était le début d'un ordre dur et primitif qu'il ne pouvait nier.

这是他无法否认的严酷、原始秩序的开始。

Il accepta la vérité ; ses instincts sauvages étaient désormais éveillés.

他接受了事实；他的狂野本能现在已经苏醒。

Le monde était devenu plus dur, mais Buck l'a affronté avec courage.

世界变得越来越残酷，但巴克勇敢地面对。

Il a affronté la vie avec une prudence, une ruse et une force tranquille nouvelles.

他以新的谨慎、狡猾和沉着的力量面对生活。

D'autres chiens sont arrivés, attachés dans des cordes ou des caisses comme Buck l'avait été.

更多的狗来了，像巴克一样被绑在绳子或笼子里。

Certains chiens sont venus calmement, d'autres ont fait rage et se sont battus comme des bêtes sauvages.

有些狗很平静地过来，有些则像野兽一样愤怒地打斗。

Ils furent tous soumis au règne de l'homme au pull rouge.

他们全都被置于红毛衣男人的统治之下。

À·chaque fois, Buck regardait et voyait la même leçon se dérouler.

每次，巴克都会观察并看到同样的教训发生。

L'homme avec la massue était la loi, un maître à obéir.
手持棍棒的人就是法律；是必须服从的主人。

Il n'avait pas besoin d'être aimé, mais il fallait qu'on lui
obéisse.
他不需要被人喜欢，但他必须被人服从。

Buck ne s'est jamais montré flatteur ni n'a remué la queue
comme le faisaient les chiens plus faibles.
巴克从来不会像那些体弱的狗那样阿谀奉承或摇尾巴

Il a vu des chiens qui avaient été battus et qui continuaient à
lécher la main de l'homme.
他看到被打的狗仍然舔着那个男人的手。

Il a vu un chien qui refusait d'obéir ou de se soumettre du
tout.
他看到一只根本不听话、不顺从的狗。

Ce chien s'est battu jusqu'à ce qu'il soit tué dans la bataille
pour le contrôle.
那只狗在争夺控制权的战斗中一直战斗到被杀死。

Des étrangers venaient parfois voir l'homme au pull rouge.
有时会有陌生人来看望这位穿红色毛衣的男人。

Ils parlaient sur un ton étrange, suppliant, marchandant et
riant.
他们用奇怪的语气说话、恳求、讨价还价、大笑。

Lors de l'échange d'argent, ils partaient avec un ou plusieurs
chiens.
换完钱后，他们就带着一只或多只狗离开。

Buck se demandait où étaient passés ces chiens, car aucun
n'était jamais revenu.
巴克想知道这些狗去了哪里，因为它们都没有回来。

la peur de l'inconnu envahissait Buck chaque fois qu'un
homme étrange venait
每当有陌生人来访时，巴克都会感到恐惧

il était content à chaque fois qu'un autre chien était pris,
plutôt que lui-même.
每次被带走的是另一只狗而不是自己，他都很高兴。

Mais finalement, le tour de Buck arriva avec l'arrivée d'un homme étrange.

但最终，随着一个陌生男人的到来，巴克的转机到来了。

Il était petit, nerveux, parlait un anglais approximatif et jurait.

他身材矮小，体格健壮，说着蹩脚的英语，还带着咒骂。

« Sacré-Dam ! » hurla-t-il en posant les yeux sur le corps de Buck.

当他看到巴克的身影时，他大叫道："天哪！"

« C'est un sacré chien tyrannique ! Hein ? Combien ? » demanda-t-il à voix haute.

"这真是条恶霸狗！嗯？多少钱？"他大声问道。

« Trois cents, et c'est un cadeau à ce prix-là. »

"三百，这价钱他算是一份礼物了。"

« Puisque c'est de l'argent du gouvernement, tu ne devrais pas te plaindre, Perrault. »

"既然这是政府的钱，你就不应该抱怨，佩罗。"

Perrault sourit à l'idée de l'accord qu'il venait de conclure avec cet homme.

佩罗对他刚刚与那人达成的交易笑了笑。

Le prix des chiens a grimpé en flèche en raison de la demande soudaine.

由于需求突然增加，狗的价格也随之飙升。

Trois cents dollars, ce n'était pas injuste pour une si belle bête.

对于这样一头好野兽来说，三百美元并不算不公平。

Le gouvernement canadien ne perdrait rien dans cet accord

加拿大政府不会在交易中失去任何东西

Leurs dépêches officielles ne seraient pas non plus retardées en transit.

他们的官方公报也不会在运输途中延误。

Perrault connaissait bien les chiens et pouvait voir que Buck était quelque chose de rare.

佩罗非常了解狗，他知道巴克是一种罕见的狗。

« Un sur dix dix mille », pensa-t-il en étudiant la silhouette de Buck.

当他观察巴克的体型时，他想："万分之一。"

Buck a vu l'argent changer de mains, mais n'a montré aucune surprise.

巴克看到钱易手，但并不感到惊讶。

Bientôt, lui et Curly, un gentil Terre-Neuve, furent emmenés.

很快，他和一只温顺的纽芬兰犬 卷毛 就被带走了。

Ils suivirent le petit homme depuis la cour du pull rouge.

他们跟着小个子男人离开了穿红毛衣的院子。

Ce fut la dernière fois que Buck vit l'homme avec la massue en bois.

那是巴克最后一次见到这个拿着木棍的男人。

Depuis le pont du Narval, il regardait Seattle disparaître au loin.

从独角鲸号的甲板上，他看着西雅图渐渐消失在远方。

C'était aussi la dernière fois qu'il voyait le chaud Southland.

这也是他最后一次看到温暖的南国。

Perrault les emmena sous le pont et les laissa à François.

佩罗把他们带到甲板下，交给弗朗索瓦。

François était un géant au visage noir, aux mains rugueuses et calleuses.

弗朗索瓦是一个黑脸巨人，双手粗糙，长满老茧。

Il était brun et basané; un métis franco-canadien.

他皮肤黝黑，是法裔加拿大混血儿。

Pour Buck, ces hommes étaient d'un genre qu'il n'avait jamais vu auparavant.

对于巴克来说，这些人是他从未见过的。

Il allait connaître beaucoup d'autres hommes de ce genre dans les jours qui suivirent.

在未来的日子里，他会认识许多这样的人。

Il ne s'est pas attaché à eux, mais il a appris à les respecter.

他并没有喜欢上他们，但却开始尊敬他们。

Ils étaient justes et sages, et ne se laissaient pas facilement tromper par un chien.

他们公正而聪明，不会轻易被任何狗愚弄。

Ils jugeaient les chiens avec calme et ne les punissaient que lorsqu'ils le méritaient.

他们冷静地评判狗，只对应得的惩罚进行处罚。

Sur le pont inférieur du Narwhal, Buck et Curly ont rencontré deux chiens.

在独角鲸号的下层甲板上，巴克和卷毛遇到了两只狗

L'un d'eux était un grand chien blanc venu du lointain et glacial Spitzberg.

其中一只来自遥远冰冷的斯匹茨卑尔根岛的大白狗。

Il avait autrefois navigué avec un baleinier et rejoint un groupe d'enquête.

他曾经跟随一艘捕鲸船航行并加入一个调查小组。

Il était amical d'une manière sournoise, sournoise et rusée.

他以一种狡猾、卑鄙和狡猾的方式表现出友好。

Lors de leur premier repas, il a volé un morceau de viande dans la poêle de Buck.

在他们第一次吃饭时，他从巴克的锅里偷了一块肉。

Buck sauta pour le punir, mais le fouet de François frappa en premier.

巴克跳起来想要惩罚他，但弗朗索瓦的鞭子先打了过来。

Le voleur blanc hurla et Buck récupéra l'os volé.

白人小偷大叫一声，巴克夺回了被偷的骨头。

Cette équité impressionna Buck, et François gagna son respect.

这种公平给巴克留下了深刻的印象，弗朗索瓦也赢得了他的尊重。

L'autre chien ne lui a pas adressé de salut et n'en a pas voulu en retour.

另一只狗没有打招呼，也不希望得到任何回应。

Il ne volait pas de nourriture et ne reniflait pas les nouveaux arrivants avec intérêt.

他没有偷食物，也没有对新来的人感兴趣地嗅嗅。

Ce chien était sinistre et calme, sombre et lent.

这只狗冷酷而安静，阴郁而行动迟缓。

Il a averti Curly de rester à l'écart en la regardant simplement.

他只是怒视着 卷毛，警告她离她远点。

Son message était clair : laissez-moi tranquille ou il y aura des problèmes.

他的意思很明确：别管我，否则会有麻烦。

Il s'appelait Dave et il remarquait à peine son environnement.

他叫戴夫，他几乎没有注意到周围的环境。

Il dormait souvent, mangeait tranquillement et bâillait de temps en temps.

他经常睡觉，安静地吃饭，不时打哈欠。

Le navire ronronnait constamment avec le battement de l'hélice en dessous.

船底螺旋桨不停地轰鸣。

Les jours passèrent sans grand changement, mais le temps devint plus froid.

日子一天天过去，天气没有什么变化，只是越来越冷了。

Buck pouvait le sentir dans ses os et remarqua que les autres le faisaient aussi.

巴克能够深刻地感受到这一点，并且注意到其他人也同样如此。

Puis un matin, l'hélice s'est arrêtée et tout est redevenu calme.

后来有一天早上，螺旋桨停了下来，一切都静止了。

Une énergie parcourut le vaisseau ; quelque chose avait changé.

一股能量席卷了整艘船；有些东西已经改变了。

François est descendu, les a attachés en laisse et les a remontés.

弗朗索瓦走下来，用皮带牵着它们，然后把它们带了上来。

Buck sortit et trouva le sol doux, blanc et froid.

巴克走了出去，发现地面又软又白，而且很冷。

Il sursauta en arrière, alarmé, et renifla, totalement confus.

他惊恐地跳了起来，困惑地哼了一声。

Une étrange substance blanche tombait du ciel gris.

奇怪的白色物体从灰色的天空中落下。

Il se secoua, mais les flocons blancs continuaient à atterrir sur lui.

他摇了摇身子，但白色的雪花仍然落在他身上。

Il renifla soigneusement la substance blanche et lécha quelques morceaux glacés.

他仔细地嗅了嗅那白色的东西，并舔了几块冰。

La poudre brûla comme du feu, puis disparut de sa langue.

粉末像火一样燃烧，然后从他的舌头上消失了。

Buck essaya à nouveau, intrigué par l'étrange froideur qui disparaissait.

巴克又试了一次，他对奇怪消失的寒冷感到困惑。

Les hommes autour de lui rirent et Buck se sentit gêné.

周围的人都笑了，巴克感到很尴尬。

Il ne savait pas pourquoi, mais il avait honte de sa réaction.

他不知道为什么，但他对自己的反应感到羞愧。

C'était sa première expérience avec la neige, et cela le dérouta.

这是他第一次见到雪，他感到很困惑。

La loi du gourdin et des crocs
棍棒与尖牙法则

Le premier jour de Buck sur la plage de Dyea ressemblait à un terrible cauchemar.

巴克在戴亚海滩的第一天感觉就像一场可怕的噩梦。

Chaque heure apportait de nouveaux chocs et des changements inattendus pour Buck.

每一个小时都会给巴克带来新的震惊和意想不到的变化。

Il avait été arraché à la civilisation et jeté dans un chaos sauvage.

他被从文明社会中拉出来，陷入了混乱之中。

Ce n'était pas une vie ensoleillée et paresseuse, faite d'ennui et de repos.

这不是一种阳光、懒散、无聊和休息的生活。

Il n'y avait pas de paix, pas de repos, et pas un instant sans danger.

没有和平，没有休息，也没有一刻不发生危险。

La confusion régnait sur tout et le danger était toujours proche.

混乱笼罩着一切，危险近在咫尺。

Buck devait rester vigilant car ces hommes et ces chiens étaient différents.

巴克必须保持警惕，因为这些人和狗都不一样。

Ils n'étaient pas originaires des villes ; ils étaient sauvages et sans pitié.

他们并非来自城镇；他们野蛮且无情。

Ces hommes et ces chiens ne connaissaient que la loi du gourdin et des crocs.

这些人和狗只知道棍棒和尖牙的法则。

Buck n'avait jamais vu de chiens se battre comme ces huskies sauvages.

巴克从未见过像这些凶猛的哈士奇一样打架的狗。

Sa première expérience lui a appris une leçon qu'il
n'oublierait jamais.

他的第一次经历给了他一个永生难忘的教训。

Il a eu de la chance que ce ne soit pas lui, sinon il serait mort
aussi.

幸亏不是他，不然他也会死。

Curly était celui qui souffrait tandis que Buck regardait et
apprenait.

当巴克观察并学习时，卷毛却遭受着痛苦。

Ils avaient installé leur campement près d'un magasin
construit en rondins.

他们在一座用原木搭建的商店附近扎营。

Curly a essayé d'être amical avec un grand husky
ressemblant à un loup.

卷毛（卷毛）

试图对一只体型巨大、像狼一样的哈士奇表现友好。

Le husky était plus petit que Curly, mais avait l'air sauvage
et méchant.

这只哈士奇比 卷毛 小，但看上去狂野而凶猛。

Sans prévenir, il a sauté et lui a ouvert le visage.

他毫无预兆地跳起来，划破了她的脸。

Ses dents lui coupèrent l'œil jusqu'à sa mâchoire en un seul
mouvement.

他的牙齿一下子从她的眼睛咬到了下巴。

C'est ainsi que les loups se battaient : ils frappaient vite et
sautaient loin.

这就是狼的战斗方式——快速攻击，然后跳开。

Mais il y avait plus à apprendre que de cette seule attaque.

但值得我们学习的东西远不止那次袭击。

Des dizaines de huskies se sont précipités et ont formé un
cercle silencieux.

几十只哈士奇冲了进来，默默地围成一圈。

Ils regardaient attentivement et se léchaient les lèvres avec
faim.

他们仔细地观察着，饥渴地舔着嘴唇。

Buck ne comprenait pas leur silence ni leurs regards avides.
巴克不明白他们的沉默和热切的眼神。

Curly s'est précipité pour attaquer le husky une deuxième fois.
卷毛第二次冲向哈士奇发起攻击。

Il a utilisé sa poitrine pour la renverser avec un mouvement puissant.
他用胸部用力一击将她撞倒。

Elle est tombée sur le côté et n'a pas pu se relever.
她倒在地上，无法再站起来。

C'est ce que les autres attendaient depuis le début.
这正是其他人一直在等待的。

Les huskies ont sauté sur elle, hurlant et grognant avec frénésie.
哈士奇们跳到她身上，疯狂地尖叫和咆哮。

Elle a crié alors qu'ils l'enterraient sous un tas de chiens.
当他们把她埋在一堆狗下面时，她尖叫起来。

L'attaque fut si rapide que Buck resta figé sur place sous le choc.
攻击速度太快了，巴克吓得呆在原地。

Il vit Spitz tirer la langue d'une manière qui ressemblait à un rire.
他看到斯皮茨伸出舌头，看起来像是在笑。

François a attrapé une hache et a couru droit vers le groupe de chiens.
弗朗索瓦抓起一把斧头，径直冲进狗群。

Trois autres hommes ont utilisé des gourdins pour aider à repousser les huskies.
另外三名男子用棍棒帮忙把哈士奇赶走。

En seulement deux minutes, le combat était terminé et les chiens avaient disparu.
仅仅两分钟，战斗就结束了，狗也消失了。

Curly gisait morte dans la neige rouge et piétinée, son corps déchiré.

科莉死在了被踩踏的红色雪地里，她的身体被撕裂了
。

Un homme à la peau sombre se tenait au-dessus d'elle, maudissant la scène brutale.
一个皮肤黝黑的男人站在她面前，咒骂着这残酷的场
面。

Le souvenir est resté avec Buck et a hanté ses rêves la nuit.
这段记忆一直留在巴克的心里，并让他夜里梦到这些
事情。

C'était comme ça ici : pas d'équité, pas de seconde chance.
这就是这里的现状；没有公平，没有第二次机会。

Une fois qu'un chien tombait, les autres le tuaient sans pitié.
一旦有一只狗倒下，其他狗就会毫不留情地杀死它。

Buck décida alors qu'il ne se permettrait jamais de tomber.
巴克当时就决定，他决不允许自己跌倒。

Spitz tira à nouveau la langue et rit du sang.
斯皮茨再次吐出舌头，对着鲜血大笑。

À partir de ce moment-là, Buck détesta Spitz de tout son cœur.
从那一刻起，巴克就打心底里恨起了斯皮茨。

Avant que Buck ne puisse se remettre de la mort de Curly, quelque chose de nouveau s'est produit.
巴克还没来得及从卷毛的死中恢复过来，新的事情又
发生了。

François s'est approché et a attaché quelque chose autour du corps de Buck.
弗朗索瓦走了过来，用某样东西绑住了巴克的身体。

C'était un harnais comme ceux utilisés sur les chevaux du ranch.
这是一种类似于牧场上马匹所用的马具。

Comme Buck avait vu les chevaux travailler, il devait maintenant travailler aussi.
巴克曾经见过马匹工作，现在他也必须工作。

Il a dû tirer François sur un traîneau dans la forêt voisine.
他必须用雪橇把弗朗索瓦拉进附近的森林。

Il a ensuite dû ramener une lourde charge de bois de chauffage.
然后他又得拉回一担沉沉的柴火。

Buck était fier, donc cela lui faisait mal d'être traité comme un animal de travail.
巴克很骄傲，所以被当作工作动物对待让他很伤心。

Mais il était sage et n'a pas essayé de lutter contre la nouvelle situation.
但他很明智，并没有试图对抗新的情况。

Il a accepté sa nouvelle vie et a donné le meilleur de lui-même dans chaque tâche.
他接受了新的生活，并在每项任务中尽最大努力。

Tout ce qui concernait ce travail lui était étrange et inconnu.
工作的一切对他来说都是陌生的、不熟悉的。

François était strict et exigeait l'obéissance sans délai.
弗朗索瓦非常严格，要求下属毫不拖延地服从。

Son fouet garantissait que chaque ordre soit exécuté immédiatement.
他的鞭子确保每条命令都立即得到执行。

Dave était le conducteur du traîneau, le chien le plus proche du traîneau derrière Buck.
戴夫是推车手，是巴克后面距离雪橇最近的狗。

Dave mordait Buck sur les pattes arrière s'il faisait une erreur.
如果巴克犯了错误，戴夫就会咬巴克的后腿。

Spitz était le chien de tête, compétent et expérimenté dans ce rôle.
斯皮茨是领头犬，技术娴熟，经验丰富。

Spitz ne pouvait pas atteindre Buck facilement, mais il le corrigea quand même.
斯皮茨无法轻易接近巴克，但仍然纠正了他。

Il grognait durement ou tirait le traîneau d'une manière qui enseignait à Buck.

他严厉地咆哮着，或者用教导巴克的方式拉雪橇。

Grâce à cette formation, Buck a appris plus vite que ce qu'ils avaient imaginé.

在这样的训练下，巴克的学习速度比他们任何人预想的都要快。

Il a travaillé dur et a appris de François et des autres chiens.

他努力工作并向弗朗索瓦和其他狗学习。

À leur retour, Buck connaissait déjà les commandes clés.

当他们回来时，巴克已经知道了关键的命令。

Il a appris à s'arrêter au son « ho » de François.

他从弗朗索瓦那里学会了听到"ho"的声音就停下来

Il a appris quand il a dû tirer le traîneau et courir.

他学会了何时拉着雪橇奔跑。

Il a appris à tourner largement dans les virages du sentier sans difficulté.

他学会了在小路的弯道处轻松转弯。

Il a également appris à éviter Dave lorsque le traîneau descendait rapidement.

他还学会了当雪橇快速下坡时避开戴夫。

« Ce sont de très bons chiens », dit fièrement François à Perrault.

"它们是非常好的狗，" 弗朗索瓦自豪地告诉佩罗。

« Ce Buck tire comme un dingue, je lui apprends vite fait. »

"那只巴克拉东西非常厉害——
我教他速度非常快。"

Plus tard dans la journée, Perrault est revenu avec deux autres chiens husky.

当天晚些时候，佩罗又带着两只哈士奇犬回来了。

Ils s'appelaient Billee et Joe, et ils étaient frères.

他们的名字是比利（Billee）和乔
（Joe），他们是兄弟。

Ils venaient de la même mère, mais ne se ressemblaient pas du tout.

他们虽然出自同一个母亲，但却完全不同。

Billee était de nature douce et très amicale avec tout le monde.

Billee 性格温和，对每个人都很友好。

Joe était tout le contraire : calme, en colère et toujours en train de grogner.

乔则相反——安静、易怒，而且总是咆哮。

Buck les a accueillis de manière amicale et s'est montré calme avec eux deux.

巴克以友好的方式向他们打招呼，并且对两人都很平静。

Dave ne leur prêta aucune attention et resta silencieux comme d'habitude.

戴夫没有理会他们，像往常一样保持沉默。

Spitz a attaqué d'abord Billee, puis Joe, pour montrer sa domination.

斯皮茨首先攻击比利，然后是乔，以显示他的统治地位。

Billee remua la queue et essaya d'être amical avec Spitz.

比利摇着尾巴，试图对斯皮茨表现得友好。

Lorsque cela n'a pas fonctionné, il a essayé de s'enfuir à la place.

当此举无效时，他便试图逃跑。

Il a pleuré tristement lorsque Spitz l'a mordu fort sur le côté.

当斯皮茨用力咬他的侧面时，他伤心地哭了。

Mais Joe était très différent et refusait d'être intimidé.

但乔却截然不同，他拒绝被欺负。

Chaque fois que Spitz s'approchait, Joe se retournait pour lui faire face rapidement.

每次斯皮茨靠近，乔就会快速转身面对他。

Sa fourrure se hérissa, ses lèvres se retroussèrent et ses dents claquèrent sauvagement.

他的毛发竖了起来，嘴唇卷曲，牙齿疯狂地咬着。

Les yeux de Joe brillaient de peur et de rage, défiant Spitz de frapper.

乔的眼里闪烁着恐惧和愤怒，挑衅斯皮茨并发起攻击。

Spitz abandonna le combat et se détourna, humilié et en colère.

斯皮茨放弃了反抗，转身离开，感到羞辱和愤怒。

Il a déversé sa frustration sur le pauvre Billee et l'a chassé.

他把自己的沮丧发泄在可怜的比利身上，并把他赶走了。

Ce soir-là, Perrault ajouta un chien de plus à l'équipe.

那天晚上，佩罗的队伍里又增加了一只狗。

Ce chien était vieux, maigre et couvert de cicatrices de guerre.

这只狗又老又瘦，浑身都是战争留下的伤疤。

L'un de ses yeux manquait, mais l'autre brillait de puissance.

他的一只眼睛不见了，但另一只眼睛却闪烁着力量。

Le nom du nouveau chien était Solleks, ce qui signifiait « celui qui est en colère ».

这只新狗的名字叫 Solleks，意思是"愤怒的人"。

Comme Dave, Solleks ne demandait rien aux autres et ne donnait rien en retour.

和戴夫一样，索莱克斯不向别人索取任何东西，也不给予任何回报。

Lorsque Solleks entra lentement dans le camp, même Spitz resta à l'écart.

当索莱克斯慢慢走进营地时，就连斯皮茨也躲开了。

Il avait une étrange habitude que Buck a eu la malchance de découvrir.

他有一个奇怪的习惯，巴克很不幸地发现了这一点。

Solleks détestait qu'on l'approche du côté où il était aveugle.

索莱克斯讨厌别人从他看不见的地方接近他。

Buck ne le savait pas et a fait cette erreur par accident.

巴克不知道这一点，所以无意中犯了这个错误。

Solleks se retourna et frappa l'épaule de Buck profondément et rapidement.

索莱克斯旋转身子，迅速而深地砍向巴克的肩膀。

À partir de ce moment, Buck ne s'est plus jamais approché du côté aveugle de Solleks.

从那一刻起，巴克再也没有靠近索莱克斯的盲区。

Ils n'ont plus jamais eu de problèmes pendant le reste de leur temps ensemble.

在他们在一起的剩余时间里，他们再也没有遇到过麻烦。

Solleks voulait seulement être laissé seul, comme le calme Dave.

索莱克斯只想独处，就像安静的戴夫一样。

Mais Buck apprendra plus tard qu'ils avaient chacun un autre objectif secret.

但巴克后来得知，他们各自都有另一个秘密目标。

Cette nuit-là, Buck a dû faire face à un nouveau défi troublant : comment dormir.

那天晚上，巴克面临着一个新的、令人困扰的挑战——如何入睡。

La tente brillait chaleureusement à la lumière des bougies dans le champ enneigé.

雪原上的帐篷在烛光的照耀下显得温暖。

Buck entra, pensant qu'il pourrait se reposer là comme avant.

巴克走了进去，心想他可以像以前一样在那里休息。

Mais Perrault et François lui criaient dessus et lui jetaient des casseroles.

但佩罗和弗朗索瓦对他大喊大叫，并扔平底锅。

Choqué et confus, Buck s'est enfui dans le froid glacial.

巴克感到震惊和困惑，便跑进了严寒之中。

Un vent glacial piquait son épaule blessée et lui gelait les pattes.

凛冽的寒风刺痛了他受伤的肩膀，冻僵了他的爪子。

Il s'est allongé dans la neige et a essayé de dormir à la belle étoile.

他躺在雪地里，试图在户外睡觉。

Mais le froid l'obligea bientôt à se relever, tremblant terriblement.

但寒冷很快迫使他站起来，浑身颤抖。

Il erra dans le camp, essayant de trouver un endroit plus chaud.

他在营地里徘徊，试图找到一个更温暖的地方。

Mais chaque coin était aussi froid que le précédent.

但每个角落都和之前一样冷。

Parfois, des chiens sauvages sautaient sur lui dans l'obscurité.

有时，凶猛的狗会从黑暗中向他扑来。

Buck hérissa sa fourrure, montra ses dents et grogna en signe d'avertissement.

巴克竖起身上的毛，露出牙齿，发出警告性的咆哮声。

Il apprenait vite et les autres chiens reculaient rapidement.

他学得很快，其他狗也很快就退缩了。

Il n'avait toujours pas d'endroit où dormir et ne savait pas quoi faire.

但他没有地方睡觉，也不知道该怎么办。

Finalement, une pensée lui vint : aller voir ses coéquipiers.

最后，他想到了一个主意——去看看他的队友。

Il est retourné dans leur région et a été surpris de les trouver partis.

他回到他们所在的地方，惊讶地发现他们已经不见了。

Il chercha à nouveau dans le camp, mais ne parvint toujours pas à les trouver.

他再次搜寻营地，但仍然没有找到他们。

Il savait qu'ils ne pouvaient pas être dans la tente, sinon il le serait aussi.

他知道他们不能在帐篷里，否则他也会进去。

Alors, où étaient passés tous les chiens dans ce camp gelé ?

那么，这个冰冻营地里的狗都到哪里去了呢？

Buck, froid et misérable, tournait lentement autour de la tente.

巴克感到寒冷和痛苦，他慢慢地绕着帐篷转了一圈。

Soudain, ses pattes avant s'enfoncèrent dans la neige molle et le surprit.

突然，他的前腿陷入了柔软的雪中，把他吓了一跳。

Quelque chose se tortilla sous ses pieds et il sursauta en arrière, effrayé.

有什么东西在他脚下蠕动，他吓得往后跳了一步。

Il grogna et grogna, ne sachant pas ce qui se cachait sous la neige.

他咆哮着，不知道雪下有什么。

Puis il entendit un petit aboiement amical qui apaisa sa peur.

然后他听到一声友好的小吠声，减轻了他的恐惧。

Il renifla l'air et s'approcha pour voir ce qui était caché.

他嗅了嗅空气，走近去看隐藏着什么。

Sous la neige, recroquevillée en boule chaude, se trouvait la petite Billee.

在雪下，小比莉蜷缩成一个温暖的球。

Billee remua la queue et lécha le visage de Buck pour le saluer.

比利摇着尾巴，舔着巴克的脸来向他打招呼。

Buck a vu comment Billee avait fabriqué un endroit pour dormir dans la neige.

巴克看到比莉在雪地里挖了一个睡觉的地方。

Il avait creusé et utilisé sa propre chaleur pour rester au chaud.

他挖了个洞，用自己的热量来取暖。

Buck avait appris une autre leçon : c'est ainsi que les chiens dormaient.

巴克又学到了另一个教训——这就是狗的睡觉方式。

Il a choisi un endroit et a commencé à creuser son propre trou dans la neige.

他选了一个地方并开始在雪地里挖洞。

Au début, il bougeait trop et gaspillait de l'énergie.

一开始，他走动太多，浪费了精力。

Mais bientôt son corps réchauffa l'espace et il se sentit en sécurité.

但很快他的身体就温暖了起来，他感到安全了。

Il se recroquevilla étroitement et, peu de temps après, il s'endormit profondément.

他紧紧地蜷缩着身子，不久就睡着了。

La journée avait été longue et dure, et Buck était épuisé.

这一天漫长而艰难，巴克已经筋疲力尽了。

Il dormait profondément et confortablement, même si ses rêves étaient fous.

尽管他的梦很狂野，但他睡得很沉很舒服。

Il grognait et aboyait dans son sommeil, se tordant pendant qu'il rêvait.

他在睡梦中咆哮、吠叫，在梦中扭动身体。

Buck ne s'est réveillé que lorsque le camp était déjà en train de prendre vie.

直到营地开始热闹起来，巴克才醒来。

Au début, il ne savait pas où il était ni ce qui s'était passé.

起初，他不知道自己在哪里，也不知道发生了什么事

La neige était tombée pendant la nuit et avait complètement enseveli son corps.

一夜之间，大雪降临，将他的尸体彻底掩埋。

La neige se pressait autour de lui, serrée de tous côtés.

雪紧紧地包围着他。

Soudain, une vague de peur traversa tout le corps de Buck.

突然间，一股恐惧感涌遍巴克全身。

C'était la peur d'être piégé, une peur venue d'instincts profonds.

这是一种被困住的恐惧，一种发自内心的本能的恐惧

Bien qu'il n'ait jamais vu de piège, la peur vivait en lui.

尽管他从未见过陷阱，但恐惧却一直萦绕在他的心头

C'était un chien apprivoisé, mais maintenant ses vieux instincts sauvages se réveillaient.

他曾经是一只温顺的狗，但是现在他昔日的野性本能正在苏醒。

Les muscles de Buck se tendirent et sa fourrure se dressa sur tout son dos.

巴克的肌肉绷紧了，背上的毛都竖了起来。

Il grogna férocement et bondit droit dans la neige.

他凶狠地咆哮一声，直接从雪地里跳了起来。

La neige volait dans toutes les directions alors qu'il faisait irruption dans la lumière du jour.

当他冲进阳光下时，雪花四处飞扬。

Avant même d'atterrir, Buck vit le camp s'étendre devant lui.

甚至在着陆之前，巴克就看到营地在他面前展开。

Il se souvenait de tout ce qui s'était passé la veille, d'un seul coup.

他一下子想起了前一天发生的一切。

Il se souvenait d'avoir flâné avec Manuel et d'avoir fini à cet endroit.

他记得和曼努埃尔一起散步，最后来到这个地方。

Il se souvenait avoir creusé le trou et s'être endormi dans le froid.

他记得自己挖了个洞，然后在寒冷中睡着了。

Maintenant, il était réveillé et le monde sauvage qui l'entourait était clair.

现在他醒了，周围的荒野世界变得清晰起来。

Un cri de François salua l'apparition soudaine de Buck.

弗朗索瓦大声喊叫，欢迎巴克的突然出现。

« Qu'est-ce que j'ai dit ? » cria le conducteur du chien à Perrault.

"我说了什么？"狗司机大声向佩罗喊道。

« Ce Buck apprend vraiment très vite », a ajouté François.

"巴克学东西的速度确实很快，"弗朗索瓦补充道。

Perrault hocha gravement la tête, visiblement satisfait du résultat.

佩罗严肃地点了点头，显然对结果很满意。

En tant que courrier pour le gouvernement canadien, il transportait des dépêches.

作为加拿大政府的一名信使，他负责递送急件。

Il était impatient de trouver les meilleurs chiens pour son importante mission.

他渴望找到最适合他重要使命的狗。

Il se sentait particulièrement heureux maintenant que Buck faisait partie de l'équipe.

现在巴克已经成为团队的一员，他感到特别高兴。

Trois autres huskies ont été ajoutés à l'équipe en une heure.

不到一个小时，队伍里又增加了三只哈士奇。

Cela porte le nombre total de chiens dans l'équipe à neuf.

这样，队伍里的狗总数就达到了九只。

En quinze minutes, tous les chiens étaient dans leurs harnais.

十五分钟之内，所有的狗都套上了挽具。

L'équipe de traîneaux remontait le sentier en direction du canyon de Dyea.

雪橇队正沿着小路向戴亚峡谷（Dyea Cañon）驶去。

Buck était heureux de partir, même si le travail à venir était difficile.

尽管前面的工作很艰辛，但巴克还是很高兴能够离开。

Il s'est rendu compte qu'il ne détestait pas particulièrement le travail ou le froid.

他发现自己并不特别厌恶劳动或寒冷。

Il a été surpris par l'empressement qui a rempli toute l'équipe.

他对整个团队所展现出的热情感到惊讶。

Encore plus surprenant fut le changement qui s'était produit chez Dave et Solleks.

更令人惊讶的是戴夫和索莱克斯身上发生的变化。

Ces deux chiens étaient complètement différents lorsqu'ils étaient attelés.

这两只狗戴上挽具后的样子截然不同。

Leur passivité et leur manque d'intérêt avaient
complètement disparu.

他们的被动和漠不关心已经完全消失了。

Ils étaient alertes et actifs, et désireux de bien faire leur
travail.

他们精神矍铄、积极主动，渴望做好自己的工作。

Ils s'irritaient violemment à tout ce qui pouvait provoquer
un retard ou une confusion.

任何导致延误或混乱的事情都会让他们非常恼火。

Le travail acharné sur les rênes était le centre de tout leur
être.

辛苦驾驭缰绳是他们全部精力的中心。

Tirer un traîneau semblait être la seule chose qu'ils
appréciaient vraiment.

拉雪橇似乎是他们唯一真正喜欢的事情。

Dave était à l'arrière du groupe, le plus proche du traîneau
lui-même.

戴夫位于队伍的最后面，距离雪橇最近。

Buck a été placé devant Dave, et Solleks a dépassé Buck.

巴克被安排在戴夫前面，而索莱克斯则领先于巴克。

Le reste des chiens était aligné devant eux en file indienne.

其余的狗则排成一列纵队走在前面。

La position de tête à l'avant était occupée par Spitz.

最前面的领先位置由施皮茨占据。

Buck avait été placé entre Dave et Solleks pour l'instruction.

巴克被安排在戴夫和索莱克斯之间接受指导。

Il apprenait vite et ils étaient des professeurs fermes et
compétents.

他学东西很快，他们是坚定而能干的老师。

Ils n'ont jamais permis à Buck de rester longtemps dans
l'erreur.

他们从不允许巴克长时间犯错。

Ils ont enseigné leurs leçons avec des dents acérées quand
c'était nécessaire.

必要时，他们会用尖锐的言辞传授知识。

Dave était juste et faisait preuve d'une sagesse calme et sérieuse.

戴夫很公平，并且表现出一种安静、严肃的智慧。

Il n'a jamais mordu Buck sans une bonne raison de le faire.

他从来不会无缘无故地咬巴克。

Mais il n'a jamais manqué de mordre lorsque Buck avait besoin d'être corrigé.

但当巴克需要纠正时，他总是会咬巴克。

Le fouet de François était toujours prêt et soutenait leur autorité.

弗朗索瓦的鞭子随时准备着，以支持他们的权威。

Buck a vite compris qu'il valait mieux obéir que riposter.

巴克很快发现服从比反击更好。

Un jour, lors d'un court repos, Buck s'est emmêlé dans les rênes.

有一次，在短暂的休息期间，巴克被缰绳缠住了。

Il a retardé le départ et a perturbé le mouvement de l'équipe.

他推迟了比赛的开始，扰乱了球队的行动。

Dave et Solleks se sont jetés sur lui et lui ont donné une raclée.

戴夫和索莱克斯向他扑去，狠狠地揍了他一顿。

L'enchevêtrement n'a fait qu'empirer, mais Buck a bien appris sa leçon.

纠缠变得越来越严重，但巴克很好地吸取了教训。

Dès lors, il garda les rênes tendues et travailla avec soin.

从此以后，他严守纪律，认真工作。

Avant la fin de la journée, Buck avait maîtrisé une grande partie de sa tâche.

在这一天结束之前，巴克已经完成了大部分任务。

Ses coéquipiers ont presque arrêté de le corriger ou de le mordre.

他的队友几乎不再纠正他或咬他。

Le fouet de François claquait de moins en moins souvent dans l'air.

弗朗索瓦的鞭子在空中划过的声音越来越小。

Perrault a même soulevé les pieds de Buck et a soigneusement examiné chaque patte.

佩罗甚至抬起巴克的脚，仔细检查每只爪子。

Cela avait été une journée de course difficile, longue et épuisante pour eux tous.

对于他们所有人来说，这是艰苦的一天，漫长而疲惫。

Ils remontèrent le Cañon, traversèrent Sheep Camp et passèrent devant les Scales.

他们沿着峡谷向上行进，穿过羊营（Sheep Camp），经过斯凯尔斯（Scales）。

Ils ont traversé la limite des forêts, puis des glaciers et des congères de plusieurs mètres de profondeur.

他们越过林木线，然后穿过数英尺深的冰川和雪堆。

Ils ont escaladé la grande et froide chaîne de montagnes Chilkoot Divide.

他们翻越了极其寒冷和险峻的奇尔库特分水岭。

Cette haute crête se dressait entre l'eau salée et l'intérieur gelé.

那道高高的山脊矗立在咸水和冰冻的内陆之间。

Les montagnes protégeaient le Nord triste et solitaire avec de la glace et des montées abruptes.

群山以冰雪和陡峭的山坡守护着悲伤而孤独的北方。

Ils ont parcouru à bon rythme une longue chaîne de lacs en aval de la ligne de partage des eaux.

他们顺利地穿过了分水岭下方的一长串湖泊。

Ces lacs remplissaient les anciens cratères de volcans éteints.

这些湖泊填满了古老的死火山口。

Tard dans la nuit, ils atteignirent un grand camp au bord du lac Bennett.

那天深夜，他们到达了班尼特湖的一个大营地。

Des milliers de chercheurs d'or étaient là, construisant des bateaux pour le printemps.

数以千计的淘金者在那里建造船只，以备春天之用。

La glace allait bientôt se briser et ils devaient être prêts.

冰很快就要破裂了，他们必须做好准备。

Buck creusa son trou dans la neige et tomba dans un profond sommeil.

巴克在雪地里挖了一个洞，然后沉沉地睡去。

Il dormait comme un ouvrier, épuisé par une dure journée de travail.

他像一个工作的人一样睡着了，因为辛苦劳作了一天而精疲力尽。

Mais trop tôt dans l'obscurité, il fut tiré de son sommeil.

但在天黑得太早的时候，他就被从睡梦中惊醒了。

Il fut à nouveau attelé avec ses compagnons et attaché au traîneau.

他再次与伙伴们套上挽具并系在雪橇上。

Ce jour-là, ils ont parcouru quarante milles, car la neige était bien battue.

那天他们走了四十英里，因为雪被踩得很深。

Le lendemain, et pendant plusieurs jours après, la neige était molle.

第二天以及之后的许多天，雪都很软。

Ils ont dû faire le chemin eux-mêmes, en travaillant plus dur et en avançant plus lentement.

他们必须自己开辟道路，工作更加努力，但进展却更慢。

Habituellement, Perrault marchait devant l'équipe avec des raquettes palmées.

通常，佩罗会穿着带蹼的雪鞋走在队伍前面。

Ses pas ont compacté la neige, facilitant ainsi le déplacement du traîneau.

他的脚步踩实了雪地，使雪橇更容易移动。

François, qui dirigeait depuis le mât, prenait parfois le relais.

弗朗索瓦有时会利用船舵杆掌舵。

Mais il était rare que François prenne les devants

但弗朗索瓦很少带头

parce que Perrault était pressé de livrer les lettres et les colis.

因为佩罗急着递送信件和包裹。

Perrault était fier de sa connaissance de la neige, et surtout de la glace.

佩罗对自己对雪，特别是冰的了解感到自豪。

Cette connaissance était essentielle, car la glace d'automne était dangereusement mince.

这些知识至关重要，因为秋季冰层非常薄，非常危险。

Là où l'eau coulait rapidement sous la surface, il n'y avait pas du tout de glace.

在水面下快速流动的地方，根本没有冰。

Jour après jour, la même routine se répétait sans fin.

日复一日，同样的例行公事无休止地重复着。

Buck travaillait sans relâche sur les rênes, de l'aube jusqu'à la nuit.

巴克从黎明到夜晚不停地操练缰绳。

Ils quittèrent le camp dans l'obscurité, bien avant le lever du soleil.

他们在天黑时离开了营地，那时太阳还未升起。

Au moment où le jour se leva, ils avaient déjà parcouru de nombreux kilomètres.

天亮的时候，他们已经走了好几英里了。

Ils ont installé leur campement après la tombée de la nuit, mangeant du poisson et creusant dans la neige.

天黑后他们扎营，吃鱼，在雪地里挖洞。

Buck avait toujours faim et n'était jamais vraiment satisfait de sa ration.

巴克总是感到饥饿，并且从来都没有真正对他的食物感到满足。

Il recevait une livre et demie de saumon séché chaque jour.

他每天能收到一磅半的干鲑鱼。

Mais la nourriture semblait disparaître en lui, laissant la faim derrière elle.

但食物似乎在他体内消失了，只剩下饥饿感。

Il souffrait constamment de la faim et rêvait de plus de
nourriture.

他经常感到饥饿，梦想着能有更多的食物。

Les autres chiens n'ont pris qu'une livre, mais ils sont restés
forts.

其他狗只得到了一磅食物，但它们仍然坚强。

Ils étaient plus petits et étaient nés dans le mode de vie du
Nord.

它们体型较小，出生在北方。

Il perdit rapidement la méticulosité qui avait marqué son
ancienne vie.

他很快就不再像以前那样一丝不苟。

Il avait été un mangeur délicat, mais maintenant ce n'était
plus possible.

他以前是个很讲究饮食的人，但是现在不再可能了。

Ses camarades ont terminé premiers et lui ont volé sa ration
inachevée.

他的同伴们先吃完了，并抢走了他未吃完的口粮。

Une fois qu'ils ont commencé, il n'y avait aucun moyen de
défendre sa nourriture contre eux.

一旦它们开始攻击他，他就没有任何办法可以保护自
己的食物了。

Pendant qu'il combattait deux ou trois chiens, les autres
volaient le reste.

当他击退两三只狗时，其余的狗就被其他狗偷走了。

Pour résoudre ce problème, il a commencé à manger aussi
vite que les autres.

为了解决这个问题，他开始和其他人一样快地吃饭。

La faim le poussait tellement qu'il prenait même de la
nourriture qui n'était pas la sienne.

饥饿使他难以忍受，他甚至吃掉不是自己的食物。

Il observait les autres et apprenait rapidement de leurs
actions.

他观察其他人并很快从他们的行为中学习。

Il a vu Pike, un nouveau chien, voler une tranche de bacon à Perrault.

他看到一只新狗派克从佩罗那里偷了一片培根。

Pike avait attendu que Perrault ait le dos tourné pour voler le bacon.

派克一直等到佩罗转过身去偷培根。

Le lendemain, Buck a copié Pike et a volé tout le morceau.

第二天，巴克模仿派克，偷走了整块石头。

Un grand tumulte s'ensuivit, mais Buck ne fut pas suspecté.

随后发生了一场大骚动，但巴克并没有受到怀疑。

Dub, un chien maladroit qui se faisait toujours prendre, a été puni à la place.

笨手笨脚的狗杜布总是被抓住，因此受到了惩罚。

Ce premier vol a fait de Buck un chien apte à survivre dans le Nord.

第一次偷窃事件标志着巴克是一只适合在北方生存的狗。

Il a montré qu'il pouvait s'adapter à de nouvelles conditions et apprendre rapidement.

他表现出他能够适应新环境并快速学习。

Sans une telle adaptabilité, il serait mort rapidement et gravement.

如果没有这样的适应能力，他就会死得又快又惨。

Cela a également marqué l'effondrement de sa nature morale et de ses valeurs passées.

这也标志着他的道德本质和过去价值观的崩溃。

Dans le Southland, il avait vécu sous la loi de l'amour et de la bonté.

在南国，他生活在充满爱与仁慈的法律之下。

Là, il était logique de respecter la propriété et les sentiments des autres chiens.

在那里，尊重财产和其他狗的感受是有道理的。

Mais le Northland suivait la loi du gourdin et la loi du croc.

但北国遵循的是棍棒法则和尖牙法则。

Quiconque respectait les anciennes valeurs ici était stupide et échouerait.

任何尊重这里旧价值观的人都是愚蠢的，都会失败。

Buck n'a pas réfléchi à tout cela dans son esprit.

巴克心里并没有想清楚这一切。

Il était en forme et s'est donc adapté sans avoir besoin de réfléchir.

他身体很健康，所以不用思考就能调整。

De toute sa vie, il n'avait jamais fui un combat.

他一生中从未逃避过战斗。

Mais la massue en bois de l'homme au pull rouge a changé cette règle.

但穿红毛衣的男人的木棍改变了这个规则。

Il suivait désormais un code plus profond et plus ancien, inscrit dans son être.

现在，他遵循着刻在他心中的更深层、更古老的准则

Il ne volait pas par plaisir, mais par faim.

他偷窃并非出于享乐，而是因为饥饿的痛苦。

Il n'a jamais volé ouvertement, mais il a volé avec ruse et prudence.

他从不公开抢劫，而是狡猾而谨慎地偷窃。

Il a agi par respect pour la massue en bois et par peur du croc.

他的行为是出于对木棍的尊重和对毒牙的恐惧。

En bref, il a fait ce qui était plus facile et plus sûr que de ne pas le faire.

简而言之，他做的比不做的更容易、更安全。

Son développement – ou peut-être son retour à ses anciens instincts – fut rapide.

他的成长——或者说他恢复旧有本能——非常快。

Ses muscles se durcirent jusqu'à devenir aussi forts que du fer.

他的肌肉变得越来越结实，直到感觉像铁一样坚硬。

Il ne se souciait plus de la douleur, à moins qu'elle ne soit grave.

他不再尖心疼痛，除非疼痛很严重。

Il est devenu efficace à l'intérieur comme à l'extérieur, ne gaspillant rien du tout.

他从内到外都变得高效，没有任何浪费。

Il pouvait manger des choses viles, pourries ou difficiles à digérer.

他可以吃恶心、腐烂或难以消化的东西。

Quoi qu'il mange, son estomac utilisait jusqu'au dernier morceau de valeur.

无论他吃什么，他的胃都会将其充分利用。

Son sang transportait les nutriments loin dans son corps puissant.

他的血液将营养物质输送到他强健的身体各处。

Cela a créé des tissus solides qui lui ont donné une endurance incroyable.

这使得他的组织变得强健，赋予他惊人的耐力。

Sa vue et son odorat sont devenus beaucoup plus sensibles qu'avant.

他的视觉和嗅觉比以前敏锐得多。

Son ouïe est devenue si fine qu'il pouvait détecter des sons faibles pendant son sommeil.

他的听觉变得如此敏锐，以至于在睡眠中也能听见微弱的声音。

Il savait dans ses rêves si les sons signifiaient sécurité ou danger.

他在梦中知道这些声音是意味着安全还是危险。

Il a appris à mordre la glace entre ses orteils avec ses dents.

他学会了用牙齿咬脚趾间的冰。

Si un point d'eau gelait, il brisait la glace avec ses jambes.

如果水坑结冰了，他就会用腿把冰破掉。

Il se cabra et frappa violemment la glace avec ses membres antérieurs raides.

他直立起来，用僵硬的前肢用力撞击冰面。

Sa capacité la plus frappante était de prédire les changements de vent pendant la nuit.

他最惊人的能力是预测一夜之间的风向变化。

Même lorsque l'air était calme, il choisissait des endroits abrités du vent.

即使空气静止时，他也会选择避风的地方。

Partout où il creusait son nid, le vent du lendemain le passait à côté de lui.

无论他在哪里筑巢，第二天的风都会吹过他。

Il finissait toujours par se blottir et se protéger, sous le vent.

他总是舒适地躲在下风处，受到保护。

Buck n'a pas seulement appris par l'expérience : son instinct est également revenu.

巴克不仅通过经验学习，他的本能也恢复了。

Les habitudes des générations domestiquées ont commencé à disparaître.

驯化一代人的习惯开始消失。

De manière vague, il se souvenait des temps anciens de sa race.

他模糊地记得自己种族的古老时代。

Il repensa à l'époque où les chiens sauvages couraient en meute dans les forêts.

他回想起野狗成群结队地在森林里奔跑的情景。

Ils avaient poursuivi et tué leur proie en la poursuivant.

他们在追捕猎物时追赶并杀死了猎物。

Il était facile pour Buck d'apprendre à se battre avec force et rapidité.

巴克很容易就学会了如何利用牙齿和速度进行战斗。

Il utilisait des coupures, des entailles et des coups rapides, tout comme ses ancêtres.

他像他的祖先一样使用砍、砍和快速的折断。

Ces ancêtres se sont réveillés en lui et ont réveillé sa nature sauvage.

那些祖先激起了他内心的骚动，唤醒了他狂野的本性

Leurs anciennes compétences lui avaient été transmises par le sang.

他们的旧技能已通过血统传给了他。

Leurs tours étaient désormais à lui, sans besoin de pratique ni d'effort.
现在他们的技巧已经为他所用，无需练习或努力。

Lors des nuits calmes et froides, Buck levait le nez et hurlait.
在寂静寒冷的夜晚，巴克抬起鼻子嚎叫。

Il hurla longuement et profondément, comme le faisaient les loups autrefois.
他发出一声深沉而悠长的嚎叫，就像很久以前的狼那样。

À travers lui, ses ancêtres morts pointaient leur nez et hurlaient.
通过他，他死去的祖先们指着鼻子嚎叫。

Ils ont hurlé à travers les siècles avec sa voix et sa forme.
它们以他的声音和身影，在几个世纪中一直咆哮。

Ses cadences étaient les leurs, de vieux cris qui parlaient de chagrin et de froid.
他的歌声和他们的歌声一样，是诉说悲伤和寒冷的古老哭声。

Ils chantaient l'obscurité, la faim et le sens de l'hiver.
他们歌唱黑暗、饥饿和冬天的意义。

Buck a prouvé que la vie est façonnée par des forces qui nous dépassent.
巴克证明了生命是如何被超越自身的力量所塑造的，

L'ancienne chanson s'éleva à travers Buck et s'empara de son âme.
这首古老的歌谣在巴克心中回荡，并占据了他的灵魂

Il s'est retrouvé parce que les hommes avaient trouvé de l'or dans le Nord.
他找到了自己，因为人们在北方发现了黄金。

Et il s'est retrouvé parce que Manuel, l'aide du jardinier, avait besoin d'argent.
他之所以能找到自己，是因为园丁的助手曼努埃尔需要钱。

La Bête Primordiale Dominante
主宰原始野兽

La bête primordiale dominante était aussi forte que jamais en Buck.

巴克身上占主导地位的原始野兽依然强大。

Mais la bête primordiale dominante sommeillait en lui.

但那头占主导地位的原始野兽却在他体内沉睡。

La vie sur le sentier était dure, mais elle renforçait la bête qui sommeillait en Buck.

越野生活虽然艰苦，但却增强了巴克内心的野兽之心。

Secrètement, la bête devenait de plus en plus forte chaque jour.

野兽每天都在秘密地变得越来越强大。

Mais cette croissance intérieure est restée cachée au monde extérieur.

但内心的成长对于外界来说却是隐藏的。

Une force primordiale, calme et tranquille, se construisait à l'intérieur de Buck.

一种安静而平和的原始力量正在巴克内心积聚。

Une nouvelle ruse a donné à Buck l'équilibre, le calme, le contrôle et l'équilibre.

新的狡猾让巴克变得平衡、冷静、沉着。

Buck s'est concentré sur son adaptation, sans jamais se sentir complètement détendu.

巴克努力集中精力去适应，但始终感觉不到完全放松。

Il évitait les conflits, ne déclenchait jamais de bagarres et ne cherchait jamais les ennuis.

他避免冲突，从不挑起争斗，也不惹麻烦。

Une réflexion lente et constante façonnait chaque mouvement de Buck.

缓慢而稳定的深思熟虑塑造了巴克的每一个举动。

Il évitait les choix irréfléchis et les décisions soudaines et imprudentes.

他避免做出草率的选择和突然、鲁莽的决定。

Bien que Buck détestait profondément Spitz, il ne lui montrait aucune agressivité.

尽管巴克深恨斯皮茨，但他并没有向他表现出任何攻击性。

Buck n'a jamais provoqué Spitz et a gardé ses actions contenues.

巴克从未激怒过斯皮茨，并且保持着克制自己的行为

Spitz, de son côté, sentait le danger grandissant chez Buck.

另一方面，斯皮茨感觉到巴克身上越来越大的危险。

Il considérait Buck comme une menace et un sérieux défi à son pouvoir.

他认为巴克是一个威胁，对他的权力是一个严峻的挑战。

Il profitait de chaque occasion pour grogner et montrer ses dents acérées.

他利用一切机会咆哮并露出锋利的牙齿。

Il essayait de déclencher le combat mortel qui devait avoir lieu.

他正试图发起一场必将到来的殊死战斗。

Au début du voyage, une bagarre a failli éclater entre eux.

旅行初期，他们之间几乎爆发了一场争吵。

Mais un accident inattendu a empêché le combat d'avoir lieu.

但一场意外的事故阻止了这场战斗的发生。

Ce soir-là, ils installèrent leur campement sur le lac Le Barge, extrêmement froid.

那天晚上，他们在寒冷的勒巴尔日湖边扎营。

La neige tombait fort et le vent soufflait comme un couteau.

雪下得很大，风像刀子一样刺骨。

La nuit était venue trop vite et l'obscurité les entourait.

夜幕降临得太快，黑暗将他们包围。

Ils n'auraient pas pu choisir un pire endroit pour se reposer.

他们选择的休息地点实在是太糟糕了。

Les chiens cherchaient désespérément un endroit où se coucher.

狗拼命寻找一个可以躺下的地方。

Un haut mur de roche s'élevait abruptement derrière le petit groupe.

一堵高高的岩壁在这群人的身后陡然耸立。

La tente avait été laissée à Dyea pour alléger la charge.

为了减轻负担，帐篷被留在了迪亚。

Ils n'avaient pas d'autre choix que d'allumer le feu sur la glace elle-même.

他们别无选择，只能在冰上生火。

Ils étendent leurs robes de nuit directement sur le lac gelé.

他们把睡袍直接铺在冰冻的湖面上。

Quelques bâtons de bois flotté leur ont donné un peu de feu.

几根浮木为他们带来了一点火。

Mais le feu s'est allumé sur la glace et a fondu à travers elle.

但火是在冰上燃起的，并且通过冰融化。

Finalement, ils mangeaient leur dîner dans l'obscurité.

最后他们在黑暗中吃晚饭。

Buck s'est recroquevillé près du rocher, à l'abri du vent froid.

巴克蜷缩在岩石旁边，躲避寒风。

L'endroit était si chaud et sûr que Buck détestait déménager.

这个地方非常温暖、安全，巴克不愿意离开。

Mais François avait réchauffé le poisson et distribuait les rations.

但弗朗索瓦已经把鱼热好并分发了口粮。

Buck finit de manger rapidement et retourna dans son lit.

巴克很快吃完饭，然后回到床上。

Mais Spitz était maintenant allongé là où Buck avait fait son lit.

但斯皮茨现在正躺在巴克铺好床的地方。

Un grognement sourd avertit Buck que Spitz refusait de bouger.

巴克低声咆哮着警告说，斯皮茨拒绝移动。

Jusqu'à présent, Buck avait évité ce combat avec Spitz.

到目前为止，巴克一直避免与斯皮茨发生战斗。

Mais au plus profond de Buck, la bête s'est finalement libérée.

但巴克内心深处的野兽终于挣脱了。

Le vol de son lieu de couchage était trop difficile à tolérer.

他的睡觉的地方被盗，这实在令人无法容忍。

Buck se lança sur Spitz, plein de colère et de rage.

巴克满怀愤怒和狂怒，向斯皮茨扑去。

Jusqu'à présent, Spitz pensait que Buck n'était qu'un gros chien.

直到现在，斯皮茨还以为巴克只是一只大狗。

Il ne pensait pas que Buck avait survécu grâce à son esprit.

他不认为巴克凭借其精神存活了下来。

Il s'attendait à la peur et à la lâcheté, pas à la fureur et à la vengeance.

他期待的是恐惧和懦弱，而不是愤怒和报复。

François regarda les deux chiens sortir du nid en ruine.

弗朗索瓦目睹两只狗从被毁坏的狗窝里冲出来。

Il comprit immédiatement ce qui avait déclenché cette lutte sauvage.

他立刻明白了是什么引发了这场激烈的争斗。

« Aa-ah ! » s'écria François en soutien au chien brun.

"啊啊！"弗朗索瓦大声喊道，支持这只棕色的狗。

« Frappez-le ! Par Dieu, punissez ce voleur sournois ! »

"揍扁他！老天爷啊，惩罚一下这个鬼鬼祟祟的小偷！"

Spitz a montré une volonté égale et une impatience folle de se battre.

斯皮茨表现出同样的准备和狂热的战斗热情。

Il cria de rage tout en tournant rapidement en rond, cherchant une ouverture.

他一边愤怒地叫喊，一边快速地盘旋，寻找着突破口。

Buck a montré la même soif de combat et la même prudence.

巴克表现出同样的战斗渴望，以及同样的谨慎。

Il a également encerclé son adversaire, essayant de prendre le dessus dans la bataille.

他也绕着对手转圈，试图在战斗中占上风。

Puis quelque chose d'inattendu s'est produit et a tout changé.

然后意想不到的事情发生了，改变了一切。

Ce moment a retardé l'éventuelle lutte pour le leadership.

那一刻推迟了最终的领导权之争。

De nombreux kilomètres de piste et de lutte attendaient encore avant la fin.

在终点之前，还有很长的路要走，还有许多艰辛等待着我们。

Perrault cria un juron tandis qu'une massue frappait un os.

当棍棒敲击骨头时，佩罗大声咒骂。

Un cri aigu de douleur suivit, puis le chaos explosa tout autour.

随后传来一声痛苦的尖叫，四周一片混乱。

Des formes sombres se déplaçaient dans le camp ; des huskies sauvages, affamés et féroces.

营地里黑影移动；野性的哈士奇，饥饿而凶猛。

Quatre ou cinq douzaines de huskies avaient reniflé le camp de loin.

四五十只哈士奇从远处嗅到了营地的气味。

Ils s'étaient glissés discrètement pendant que les deux chiens se battaient à proximité.

当两只狗在附近打架时，他们悄悄地潜了进来。

François et Perrault chargèrent en brandissant des massues sur les envahisseurs.

弗朗索瓦和佩罗发起冲锋，挥舞着棍棒向入侵者发起攻击。

Les huskies affamés ont montré les dents et ont riposté avec frénésie.

饥饿的哈士奇露出牙齿，疯狂反击。

L'odeur de la viande et du pain les avait chassés de toute peur.

肉和面包的香味驱散了他们的恐惧。

Perrault battait un chien qui avait enfoui sa tête dans la boîte à nourriture.

佩罗殴打了一只把头埋在食物盒里的狗。

Le coup a été violent et la boîte s'est retournée, la nourriture s'est répandue.

这一击很重，盒子翻转了，食物洒了出来。

En quelques secondes, une vingtaine de bêtes sauvages déchirèrent le pain et la viande.

几秒钟之内，二十只野兽就把面包和肉撕碎了。

Les gourdin masculins ont porté coup sur coup, mais aucun chien ne s'est détourné.

男人们的棍棒不断挥击，但没有一只狗能躲过。

Ils hurlaient de douleur, mais se battaient jusqu'à ce qu'il ne reste plus de nourriture.

它们痛苦地嚎叫着，但仍在战斗，直到没有食物为止

Pendant ce temps, les chiens de traîneau avaient sauté de leurs lits enneigés.

与此同时，雪橇犬已经从雪床上跳了起来。

Ils ont été immédiatement attaqués par les huskies vicieux et affamés.

他们立即遭到凶猛饥饿的哈士奇的袭击。

Buck n'avait jamais vu de créatures aussi sauvages et affamées auparavant.

巴克以前从未见过如此野蛮和饥饿的动物。

Leur peau pendait librement, cachant à peine leur squelette.

他们的皮肤松弛下垂，几乎遮不住他们的骨骼。

Il y avait un feu dans leurs yeux, de faim et de folie

他们的眼睛里燃烧着饥饿和疯狂的火焰

Il n'y avait aucun moyen de les arrêter, aucune résistance à leur ruée sauvage.

没有什么可以阻止他们；没有什么可以抵抗他们野蛮的冲锋。

Les chiens de traîneau furent repoussés, pressés contre la paroi de la falaise.

雪橇犬被推回，并被压在悬崖壁上。

Trois huskies ont attaqué Buck en même temps, déchirant sa chair.

三只哈士奇立刻向巴克发起攻击，撕咬他的肉体。

Du sang coulait de sa tête et de ses épaules, là où il avait été coupé.

他的头部和肩膀被割伤，鲜血直流。

Le bruit remplissait le camp : grognements, cris et cris de douleur.

营地里充满了噪音；咆哮声、尖叫声和痛苦的哭喊声。

Billee pleurait fort, comme d'habitude, prise dans la mêlée et la panique.

比莉像往常一样，陷入了争斗和恐慌之中，大声哭了起来。

Dave et Solleks se tenaient côte à côte, saignant mais provocants.

戴夫和索莱克斯并肩站着，浑身是血，但依然顽强抵抗。

Joe s'est battu comme un démon, mordant tout ce qui s'approchait.

乔像恶魔一样战斗，咬任何靠近的东西。

Il a écrasé la jambe d'un husky d'un claquement brutal de ses mâchoires.

他用嘴狠狠地咬碎了一只哈士奇的腿。

Pike a sauté sur le husky blessé et lui a brisé le cou instantanément.

派克跳到受伤的哈士奇身上，瞬间扭断了它的脖子。

Buck a attrapé un husky par la gorge et lui a déchiré la veine.

巴克抓住了哈士奇的喉咙并撕开了它的血管。

Le sang gicla et le goût chaud poussa Buck dans une frénésie.

鲜血喷洒而出，温热的味道让巴克陷入狂暴。

Il s'est jeté sur un autre agresseur sans hésitation.
他毫不犹豫地向另一名袭击者扑去。

Au même moment, des dents acérées s'enfoncèrent dans la gorge de Buck.
与此同时，锋利的牙齿咬住了巴克的喉咙。

Spitz avait frappé de côté, attaquant sans avertissement.
斯皮茨从侧面发起攻击，毫无预警。

Perrault et François avaient vaincu les chiens en volant la nourriture.
佩罗和弗朗索瓦打败了偷食物的狗。

Ils se sont alors précipités pour aider leurs chiens à repousser les attaquants.
现在他们冲上前去帮助他们的狗反击袭击者。

Les chiens affamés se retirèrent tandis que les hommes brandissaient leurs gourdins.
当这些人挥动棍棒时，饥饿的狗纷纷撤退。

Buck s'est libéré de l'attaque, mais l'évasion a été brève.
巴克挣脱了攻击，但逃脱的时间很短。

Les hommes ont couru pour sauver leurs chiens, et les huskies ont de nouveau afflué.
男人们赶紧跑去救他们的狗，哈士奇们又蜂拥而至。

Billee, effrayé et courageux, sauta dans la meute de chiens.
比利吓得鼓起勇气，跳进了狗群。

Mais il s'est alors enfui sur la glace, saisi de terreur et de panique.
但随后，他就惊恐万分，慌乱地穿过冰面逃走了。

Pike et Dub suivaient de près, courant pour sauver leur vie.
派克和杜布紧随其后，逃命地奔跑。

Le reste de l'équipe s'est séparé et dispersé, les suivant.
其余队员也纷纷散开，跟在他们后面。

Buck rassembla ses forces pour courir, mais vit alors un éclair.
巴克鼓起勇气准备跑，但突然看到一道闪光。

Spitz s'est jeté sur le côté de Buck, essayant de le faire tomber au sol.

斯皮茨猛扑向巴克的侧面，试图将他击倒在地。

Sous cette foule de huskies, Buck n'aurait eu aucune échappatoire.

在那群哈士奇的围剿下，巴克根本无法逃脱。

Mais Buck est resté ferme et s'est préparé au coup de Spitz.

但巴克坚定地站着，准备迎接斯皮茨的打击。

Puis il s'est retourné et a couru sur la glace avec l'équipe en fuite.

然后他转身和逃跑的队伍一起跑到了冰上。

Plus tard, les neuf chiens de traîneau se sont rassemblés à l'abri des bois.

随后，九只雪橇犬聚集在树林的掩蔽处。

Personne ne les poursuivait plus, mais ils étaient battus et blessés.

没有人再追赶他们，但他们却伤痕累累。

Chaque chien avait des blessures ; quatre ou cinq coupures profondes sur chaque corps.

每只狗都受伤了；每只狗身上都有四五处深深的伤口

Dub avait une patte arrière blessée et avait du mal à marcher maintenant.

杜布的后腿受伤了，现在走路很困难。

Dolly, le nouveau chien de Dyea, avait la gorge tranchée.

多莉是戴亚家最新出生的狗，它的喉咙被割破了。

Joe avait perdu un œil et l'oreille de Billee était coupée en morceaux

乔失去了一只眼睛，比莉的耳朵被割成了碎片

Tous les chiens ont crié de douleur et de défaite toute la nuit.

所有的狗都痛苦而沮丧地哭了一整夜。

À l'aube, ils retournèrent au camp, endoloris et brisés.

黎明时分，他们浑身伤痕累累，蹑手蹑脚地回到营地

Les huskies avaient disparu, mais le mal était fait.

哈士奇消失了，但损失已经造成。

Perrault et François étaient de mauvaise humeur à cause de la ruine.

佩罗和弗朗索瓦站在废墟旁，心情十分沮丧。

La moitié de la nourriture avait disparu, volée par les voleurs affamés.

一半的食物都没了，被饥饿的盗贼抢走了。

Les huskies avaient déchiré les fixations et la toile du traîneau.

哈士奇犬已经撕破了雪橇的绑带和帆布。

Tout ce qui avait une odeur de nourriture avait été complètement dévoré.

任何有食物气味的东西都被吃光了。

Ils ont mangé une paire de bottes de voyage en peau d'élan de Perrault.

他们吃了一双佩罗的驼鹿皮旅行靴。

Ils ont mâché des reis en cuir et ruiné des sangles au point de les rendre inutilisables.

它们啃咬皮革，损坏皮带，使其无法使用。

François cessa de fixer le fouet déchiré pour vérifier les chiens.

弗朗索瓦不再盯着被撕破的鞭子，而是去查看狗。

« Ah, mes amis », dit-il d'une voix basse et pleine d'inquiétude.

"啊，我的朋友们，"他低声说道，声音里充满了担忧。

« Peut-être que toutes ces morsures vous transformeront en bêtes folles. »

"也许这些咬伤会让你们变成疯狂的野兽。"

« Peut-être que ce sont tous des chiens enragés, sacredam ! Qu'en penses-tu, Perrault ? »

"也许都是疯狗，天哪！你觉得怎么样，佩罗？"

Perrault secoua la tête, les yeux sombres d'inquiétude et de peur.

佩罗摇了摇头，眼神里充满了担忧和恐惧。

Il y avait encore quatre cents milles entre eux et Dawson.

他们和道森之间仍有四百英里的距离。

La folie canine pourrait désormais détruire toute chance de survie.

现在，狗的疯狂可能会摧毁任何生存的机会。

Ils ont passé deux heures à jurer et à essayer de réparer le matériel.

他们花了两个小时咒骂并试图修复装备。

L'équipe blessée a finalement quitté le camp, brisée et vaincue.

伤员队伍最终溃不成军，离开了营地。

C'était le sentier le plus difficile jusqu'à présent, et chaque pas était douloureux.

这是迄今为止最艰难的路程，每一步都很痛苦。

La rivière Thirty Mile n'était pas gelée et coulait à flots.

三十里河尚未结冰，水流湍急。

Ce n'est que dans les endroits calmes et les tourbillons que la glace parvenait à tenir.

只有在平静的地方和漩涡中冰才能保持稳定。

Six jours de dur labeur se sont écoulés jusqu'à ce que les trente milles soient parcourus.

经过六天的艰苦劳动，三十英里的路程终于完成了。

Chaque kilomètre parcouru sur le sentier apportait du danger et une menace de mort.

每英里的道路都带来危险和死亡的威胁。

Les hommes et les chiens risquaient leur vie à chaque pas douloureux.

男人和狗每走一步都冒着生命危险。

Perrault a franchi des ponts de glace minces à une douzaine de reprises.

佩罗曾十几次打破薄冰桥。

Il portait une perche et la laissait tomber sur le trou que son corps avait fait.

他拿着一根杆子，让它落在他身体撞出的洞上。

Plus d'une fois, ce poteau a sauvé Perrault de la noyade.

这根杆子曾多次救佩罗免于溺水。

La vague de froid persistait, l'air était à cinquante degrés en dessous de zéro.

寒流持续不断，气温降至零下五十度。

Chaque fois qu'il tombait, Perrault devait allumer un feu pour survivre.

每次掉下去，佩罗就必须点火才能生存。

Les vêtements mouillés gelaient rapidement, alors il les séchait près d'une source de chaleur intense.

湿衣服很快就结冻了，所以他用高温烘干它们。

Aucune peur n'a jamais touché Perrault, et cela a fait de lui un courrier.

佩罗从不畏惧，这使他成为一名信使。

Il a été choisi pour le danger, et il l'a affronté avec une résolution tranquille.

他被选中去承担危险，并且他以沉着的决心去面对它

Il s'avança face au vent, son visage ratatiné et gelé.

他迎风向前走去，干瘪的脸上满是冻伤。

De l'aube naissante à la tombée de la nuit, Perrault les mena en avant.

从黎明微光到夜幕降临，佩罗带领他们继续前行。

Il marchait sur une étroite bordure de glace qui se fissurait à chaque pas.

他走在边缘狭窄的冰面上，每走一步，冰面都会裂开

Ils n'osaient pas s'arrêter : chaque pause risquait de provoquer un effondrement mortel.

他们不敢停下来——

每一次停顿都有可能导致致命的崩溃。

Un jour, le traîneau s'est brisé, entraînant Dave et Buck à l'intérieur.

有一次，雪橇冲破了雪道，把戴夫和巴克拉了进去。

Au moment où ils ont été libérés, tous deux étaient presque gelés.

当他们被拖出来时，两人都几乎冻僵了。

Les hommes ont rapidement allumé un feu pour garder Buck et Dave en vie.

男人们迅速生起火来，以保证巴克和戴夫活下去。

Les chiens étaient recouverts de glace du nez à la queue, raides comme du bois sculpté.

狗从鼻子到尾巴都覆盖着冰，僵硬得像雕刻的木头一样。

Les hommes les faisaient courir en rond près du feu pour décongeler leurs corps.

男人们让孩子们在火堆旁跑来跑去，以解冻孩子们的尸体。

Ils se sont approchés si près des flammes que leur fourrure a été brûlée.

它们距离火焰太近，以至于它们的皮毛都被烧焦了。

Spitz a ensuite brisé la glace, entraînant l'équipe derrière lui.

接下来，斯皮茨冲破了冰层，拖着身后的队伍。

La cassure s'est étendue jusqu'à l'endroit où Buck tirait.

断裂处一直延伸到巴克拉动的地方。

Buck se pencha en arrière, ses pattes glissant et tremblant sur le bord.

巴克猛地向后靠去，爪子在边缘处打滑并颤抖。

Dave a également tendu vers l'arrière, juste derrière Buck sur la ligne.

戴夫也向后靠拢，刚好在巴克身后。

François tirait sur le traîneau, ses muscles craquant sous l'effort.

弗朗索瓦拉着雪橇，他的肌肉因用力而发出嘎吱声。

Une autre fois, la glace du bord s'est fissurée devant et derrière le traîneau.

还有一次，雪橇前后边缘的冰裂开了。

Ils n'avaient d'autre issue que d'escalader une paroi rocheuse gelée.

除了攀爬冰冻的悬崖壁外，他们没有其他出路。

Perrault a réussi à escalader le mur, mais un miracle l'a maintenu en vie.

佩罗不知怎么地爬上了墙；奇迹让他活了下来。

François resta en bas, priant pour avoir le même genre de chance.

弗朗索瓦留在楼下，祈祷着同样的好运。

Ils ont attaché chaque sangle, chaque amarrage et chaque traçage en une seule longue corde.

他们把每条皮带、捆扎带和牵引绳都绑成一根长绳。

Les hommes ont hissé chaque chien, un par un, jusqu'au sommet.

男人们把每只狗都拖上去，一次一只。

François est monté en dernier, après le traîneau et toute la charge.

弗朗索瓦（François）
最后一个爬上去，跟在雪橇和所有货物后面。

Commença alors une longue recherche d'un chemin pour descendre des falaises.

然后开始漫长的寻找从悬崖下来的道路。

Ils sont finalement descendus en utilisant la même corde qu'ils avaient fabriquée.

他们最终利用自己制作的同一根绳索下山。

La nuit tombait alors qu'ils retournaient au lit de la rivière, épuisés et endoloris.

当他们筋疲力尽、浑身酸痛地回到河床时，夜幕降临了。

La journée entière ne leur avait permis de gagner qu'un quart de mile.

他们花了一整天的时间才走了四分之一英里。

Au moment où ils atteignirent le Hootalinqua, Buck était épuisé.

当他们到达 Hootalinqua
时，巴克已经筋疲力尽了。

Les autres chiens ont tout autant souffert des conditions du sentier.

其他狗也因路径状况而遭受了同样严重的伤害。

Mais Perrault avait besoin de récupérer du temps et les poussait chaque jour.

但佩罗需要恢复时间，并每天督促他们。

Le premier jour, ils ont parcouru trente miles jusqu'à Big Salmon.

第一天，他们行驶了三十英里到达大鲑鱼。

Le lendemain, ils parcoururent trente-cinq milles jusqu'à Little Salmon.

第二天，他们行驶了三十五英里，到达了小萨蒙。

Le troisième jour, ils ont parcouru quarante longs kilomètres gelés.

第三天，他们走过了四十英里冰冻的路程。

À ce moment-là, ils approchaient de la colonie de Five Fingers.

那时，他们已经接近五指定居点了。

Les pieds de Buck étaient plus doux que les pieds durs des huskies indigènes.

巴克的脚比本地哈士奇的硬脚要柔软。

Ses pattes étaient devenues plus fragiles au fil des générations civilisées.

经过多代文明的洗礼，他的爪子已经变得娇嫩。

Il y a longtemps, ses ancêtres avaient été apprivoisés par des hommes de la rivière ou des chasseurs.

很久以前，他的祖先被河人或猎人驯服了。

Chaque jour, Buck boitait de douleur, marchant sur des pattes à vif et douloureuses.

巴克每天都痛苦地跛行，用粗糙、疼痛的爪子行走。

Au camp, Buck tomba comme une forme sans vie sur la neige.

在营地里，巴克像一个毫无生气的身影倒在雪地上。

Bien qu'affamé, Buck ne s'est pas levé pour manger son repas du soir.

尽管很饿，巴克还是没有起床吃晚饭。

François apporta sa ration à Buck, en déposant du poisson près de son museau.

弗朗索瓦给巴克送来了口粮，并把鱼放在巴克的嘴边

Chaque nuit, le chauffeur frottait les pieds de Buck pendant une demi-heure.

每天晚上，司机都会给巴克的脚揉半个小时。

François a même découpé ses propres mocassins pour en faire des chaussures pour chiens.

弗朗索瓦甚至剪开自己的鹿皮鞋来制作狗鞋。

Quatre chaussures chaudes ont apporté à Buck un grand et bienvenu soulagement.

四双温暖的鞋子让巴克感到无比轻松。

Un matin, François oublia ses chaussures et Buck refusa de se lever.

一天早上，弗朗索瓦忘记了鞋子，而巴克拒绝起床。

Buck était allongé sur le dos, les pieds en l'air, les agitant pitoyablement.

巴克仰面躺着，双脚高高举起，可怜巴巴地挥舞着。

Même Perrault sourit à la vue de l'appel dramatique de Buck.

看到巴克戏剧性的恳求，就连佩罗也笑了。

Bientôt, les pieds de Buck devinrent durs et les chaussures purent être jetées.

很快，巴克的脚就变硬了，鞋子就可以扔掉了。

À Pelly, pendant le temps du harnais, Dolly laissait échapper un hurlement épouvantable.

在佩利，当套上挽具时，多莉会发出一声可怕的嚎叫。

Le cri était long et rempli de folie, secouant chaque chien.

哭声悠长而疯狂，震得每只狗都颤抖起来。

Chaque chien se hérissait de peur sans en connaître la raison.

每只狗都不知道为什么而恐惧地竖起了毛。

Dolly était devenue folle et s'était jetée directement sur Buck.

多莉已经疯了，她径直向巴克扑去。

Buck n'avait jamais vu la folie, mais l'horreur remplissait son cœur.

巴克从未见过疯狂，但恐惧充满了他的内心。

Sans réfléchir, il se retourna et s'enfuit, complètement paniqué.

他没有多想，慌乱之中转身就逃。

Dolly le poursuivit, les yeux fous, la salive s'échappant de ses mâchoires.

多莉追着他，眼神狂野，口水直流。

Elle est restée juste derrière Buck, sans jamais gagner ni reculer.

她一直跟在巴克身后，既不前进，也不后退。

Buck courut à travers les bois, le long de l'île, sur de la glace déchiquetée.

巴克跑过树林，跑下小岛，跨过锯齿状的冰面。

Il traversa vers une île, puis une autre, revenant vers la rivière.

他穿过一座岛屿，然后又穿过另一座岛屿，绕回河边。

Dolly le poursuivait toujours, son grognement le suivant de près à chaque pas.

多莉仍然追着他，每走一步，她都会在后面咆哮。

Buck pouvait entendre son souffle et sa rage, même s'il n'osait pas regarder en arrière.

巴克可以听到她的呼吸和愤怒，尽管他不敢回头。

François cria de loin, et Buck se tourna vers la voix.

弗朗索瓦从远处喊道，巴克顺着声音转过身。

Encore à bout de souffle, Buck courut, plaçant tout espoir en François.

巴克一边喘着气，一边跑过去，把所有的希望都寄托在弗朗索瓦身上。

Le conducteur du chien leva une hache et attendit que Buck passe à toute vitesse.

狗司机举起斧头，等待巴克飞奔而过。

La hache s'abattit rapidement et frappa la tête de Dolly avec une force mortelle.

斧头迅速落下，致命一击击中了多莉的头部。

Buck s'est effondré près du traîneau, essoufflé et incapable de bouger.

巴克倒在雪橇旁，气喘吁吁，无法动弹。

Ce moment a donné à Spitz l'occasion de frapper un ennemi épuisé.

那一刻，斯皮茨有机会攻击疲惫的敌人。

Il a mordu Buck à deux reprises, déchirant la chair jusqu'à l'os blanc.

它两次咬了巴克，把肉撕成了白骨。

Le fouet de François claqua, frappant Spitz avec toute sa force et sa fureur.

弗朗索瓦的鞭子啪的一声响起，用尽全力猛击斯皮茨

Buck regarda avec joie Spitz recevoir sa raclée la plus dure jusqu'à présent.

巴克高兴地看着斯皮茨遭受迄今为止最惨痛的打击。

« C'est un diable, ce Spitz », murmura sombrement Perrault pour lui-même.

"那只斯皮茨犬真是个魔鬼，"佩罗阴沉地自言自语道。

« Un jour prochain, ce maudit chien tuera Buck, je le jure. »

"不久的将来，那条该死的狗会杀死巴克——我发誓。"

« Ce Buck a deux démons en lui », répondit François en hochant la tête.

"那只巴克心里有两个魔鬼，"弗朗索瓦点头回答道

« Quand je regarde Buck, je sais que quelque chose de féroce l'attend. »

"当我观察巴克时，我知道他内心深处隐藏着某种凶猛的东西。"

« Un jour, il deviendra fou comme le feu et mettra Spitz en pièces. »

总有一天，他会像火一样愤怒，把斯皮茨撕成碎片

« Il va mâcher ce chien et le recracher sur la neige gelée. »

他会把那只狗咬碎，然后把它吐在冰冻的雪地上。

« Bien sûr que non, je le sais au plus profond de moi. »

"毫无疑问，我深知这一点。"

À partir de ce moment-là, les deux chiens étaient engagés dans une guerre.

从那一刻起，两只狗就开始互相争斗。

Spitz a dirigé l'équipe et a conservé le pouvoir, mais Buck a contesté cela.

斯皮茨领导团队并掌握权力，但巴克对此提出了挑战。

Spitz a vu son rang menacé par cet étrange étranger du Sud.

斯皮茨发现他的地位受到了这个奇怪的南国陌生人的威胁。

Buck ne ressemblait à aucun autre chien du sud que Spitz avait connu auparavant.

巴克与斯皮兹以前认识的任何南方狗都不一样。

La plupart d'entre eux ont échoué, trop faibles pour survivre au froid et à la faim.

他们中的大多数人都失败了——
他们太虚弱了，无法忍受寒冷和饥饿。

Ils sont morts rapidement à cause du travail, du gel et de la lenteur de la famine.

他们在劳作、霜冻和饥荒的缓慢侵蚀下迅速死去。

Buck se démarquait : plus fort, plus intelligent et plus sauvage chaque jour.

巴克与众不同——他一天比一天强壮、聪明、凶猛。

Il a prospéré dans les difficultés, grandissant jusqu'à égaler les huskies du Nord.

他在艰苦中茁壮成长，最终成长为与北方哈士奇犬相媲美的犬种。

Buck avait de la force, une habileté sauvage et un instinct patient et mortel.

巴克拥有力量、野性、耐心和致命的本能。

L'homme avec la massue avait fait perdre à Buck toute témérité.

那个手持棍棒的人把巴克打得不再鲁莽了。

La fureur aveugle avait disparu, remplacée par une ruse silencieuse et un contrôle.

盲目的愤怒消失了，取而代之的是安静的狡猾和控制

Il attendait, calme et primitif, guettant le bon moment.

他平静而原始地等待着，等待着合适的时机。

Leur lutte pour le commandement est devenue inévitable et claire.

他们争夺指挥权的斗争已变得不可避免且显而易见。

Buck désirait être un leader parce que son esprit l'exigeait.

巴克渴望成为领导者，因为他的精神需要它。

Il était poussé par l'étrange fierté née du sentier et du harnais.

他被源于小径和马具的奇特自豪感所驱使。

Cette fierté a poussé les chiens à tirer jusqu'à ce qu'ils s'effondrent sur la neige.

那种骄傲让狗一直拖着，直到倒在雪地上。

L'orgueil les a poussés à donner toute la force qu'ils avaient.

骄傲引诱他们付出所有的力量。

L'orgueil peut attirer un chien de traîneau jusqu'à la mort.

骄傲甚至会引诱雪橇犬走向死亡。

La perte du harnais a laissé les chiens brisés et sans but.

失去挽具会让狗变得残废，失去生存的意义。

Le cœur d'un chien de traîneau peut être brisé par la honte lorsqu'il prend sa retraite.

当雪橇犬退役时，它的心可能会因羞愧而破碎。

Dave vivait avec cette fierté alors qu'il tirait le traîneau par derrière.

戴夫在后面拖着雪橇，活出了那种自豪感。

Solleks, lui aussi, a tout donné avec une force et une loyauté redoutables.

索莱克斯也以坚定的力量和忠诚奉献了自己的一切。

Chaque matin, l'orgueil les faisait passer de l'amertume à la détermination.

每天早晨，骄傲都会让他们从痛苦变得坚定。

Ils ont poussé toute la journée, puis sont restés silencieux à la fin du camp.

他们奋力前进了一整天，然后安静地走到营地的尽头

Cette fierté a donné à Spitz la force de battre les tire-au-flanc.

正是这份骄傲让斯皮茨有力量打败那些逃避责任的人

Spitz craignait Buck parce que Buck portait cette même fierté profonde.

斯皮茨害怕巴克，因为巴克也怀有同样的深沉自尊。

L'orgueil de Buck s'est alors retourné contre Spitz, et il ne s'est pas arrêté.

巴克的自尊心现在对斯皮茨产生了反感，他没有停下来。

Buck a défié le pouvoir de Spitz et l'a empêché de punir les chiens.

巴克违抗斯皮茨的权力并阻止他惩罚狗。

Lorsque les autres échouaient, Buck s'interposait entre eux et leur chef.

当其他人失败时，巴克便介入他们与他们的领袖之间。

Il l'a fait intentionnellement, en rendant son défi ouvert et clair.

他有意这样做，使他的挑战变得公开而明确。

Une nuit, une forte neige a recouvert le monde d'un profond silence.

一天晚上，大雪覆盖，世界陷入深深的寂静。

Le lendemain matin, Pike, paresseux comme toujours, ne se leva pas pour aller travailler.

第二天早上，派克还是像往常一样懒惰，没有起床去上班。

Il est resté caché dans son nid sous une épaisse couche de neige.

他藏在厚厚的积雪下的巢穴里。

François a appelé et cherché, mais n'a pas pu trouver le chien.

弗朗索瓦大声呼喊并四处寻找，但没能找到那只狗。

Spitz devint furieux et se précipita à travers le camp couvert de neige.

斯皮茨勃然大怒，冲进了白雪覆盖的营地。

Il grogna et renifla, creusant frénétiquement avec des yeux flamboyants.

他咆哮着，嗅着，眼睛闪着光，疯狂地挖掘着。

Sa rage était si féroce que Pike tremblait sous la neige de peur.

他的愤怒是如此强烈，以至于派克吓得在雪下颤抖。

Lorsque Pike fut finalement retrouvé, Spitz se précipita pour punir le chien qui se cachait.

当终于找到派克时，斯皮茨猛扑过去，惩罚这只躲藏的狗。

Mais Buck s'est précipité entre eux avec une fureur égale à celle de Spitz.

但巴克突然冲到他们中间，其愤怒与斯皮茨不相上下

L'attaque fut si soudaine et intelligente que Spitz tomba.

这次攻击是如此突然和巧妙，以至于斯皮茨摔倒了。

Pike, qui tremblait, puisa du courage dans ce défi.

派克原本浑身颤抖，但这次反抗让他鼓起了勇气。

Il sauta sur le Spitz tombé, suivant l'exemple audacieux de Buck.

他学着巴克的大胆举动，跳到了倒下的斯皮茨犬身上

Buck, n'étant plus tenu par l'équité, a rejoint la grève contre Spitz.

巴克不再受公平的约束，加入了对斯皮茨的攻击。

François, amusé mais ferme dans sa discipline, balançait son lourd fouet.

弗朗索瓦感到很有趣，但仍然坚持纪律，挥舞着沉重的鞭子。

Il frappa Buck de toutes ses forces pour mettre fin au combat.

他用尽全力击打巴克，以阻止这场打斗。

Buck a refusé de bouger et est resté au sommet du chef tombé.

巴克拒绝移动，留在倒下的领袖身上。

François a ensuite utilisé le manche du fouet, frappant Buck durement.

然后弗朗索瓦用鞭子柄狠狠地抽了巴克。

Titubant sous le coup, Buck recula sous l'assaut.

巴克被击中后摇摇晃晃，在攻击下倒下了。

François frappait encore et encore tandis que Spitz punissait Pike.

弗朗索瓦一次又一次发起攻击，而斯皮茨则惩罚派克

Les jours passèrent et Dawson City se rapprocha de plus en plus.

日子一天天过去，道森城越来越近了。

Buck n'arrêtait pas d'intervenir, se glissant entre le Spitz et les autres chiens.

巴克不断干扰，在斯皮茨和其他狗之间穿梭。

Il choisissait bien ses moments, attendant toujours que François parte.

他选择时机很好，总是等待弗朗索瓦离开。

La rébellion silencieuse de Buck s'est propagée et le désordre a pris racine dans l'équipe.

巴克的静默反抗蔓延开来，队伍中陷入混乱。

Dave et Solleks sont restés fidèles, mais d'autres sont devenus indisciplinés.

戴夫和索莱克斯依然忠诚，但其他人却变得不守规矩

L'équipe est devenue de plus en plus agitée, querelleuse et hors de propos.

团队变得越来越糟糕——
焦躁不安、争吵不断、不守规矩。

Plus rien ne fonctionnait correctement et les bagarres devenaient courantes.

一切都不再顺利，争斗变得频繁起来。

Buck est resté au cœur des troubles, provoquant toujours des troubles.

巴克始终处于麻烦的中心，总是挑起动乱。

François restait vigilant, effrayé par le combat entre Buck et Spitz.

弗朗索瓦保持警惕，害怕巴克和斯皮茨之间的打斗。

Chaque nuit, des bagarres le réveillaient, craignant que le commencement n'arrive enfin.

每个晚上，打斗声都会把他吵醒，他担心战争的开始终于到来了。

Il sauta de sa robe, prêt à mettre fin au combat.

他从长袍中跳起来，准备阻止这场争斗。

Mais le moment n'arriva jamais et ils atteignirent finalement Dawson.

但这一刻并没有到来，他们最终到达了道森。

L'équipe est entrée dans la ville un après-midi sombre, tendu et calme.

一个阴冷的下午，队伍进入了小镇，气氛紧张而安静

La grande bataille pour le leadership était encore en suspens dans l'air glacial.

争夺领导权的激烈斗争仍然悬而未决。

Dawson était rempli d'hommes et de chiens de traîneau, tous occupés à travailler.

道森到处都是忙于工作的人们和雪橇犬。

Buck regardait les chiens tirer des charges du matin au soir.

巴克从早到晚看着狗拉着货物。

Ils transportaient des bûches et du bois de chauffage et acheminaient des fournitures vers les mines.

他们运送原木和木柴，将物资运送到矿井。

Là où les chevaux travaillaient autrefois dans le Southland, les chiens travaillent désormais.

南方地区曾经靠马匹劳作，而现在则由狗来干活。

Buck a vu quelques chiens du Sud, mais la plupart étaient des huskies ressemblant à des loups.

巴克看到了一些来自南方的狗，但大多数是像狼一样的哈士奇。

La nuit, comme une horloge, les chiens élevaient la voix pour chanter.

入夜后，就像时钟一样，狗儿们开始放声歌唱。

À neuf heures, à minuit et à nouveau à trois heures, les chants ont commencé.

九点、午夜、三点，歌声再次响起。

Buck aimait se joindre à leur chant étrange, au son sauvage et ancien.

巴克喜欢加入他们那狂野而古老的怪诞吟唱。

Les aurores boréales flamboyaient, les étoiles dansaient et la neige recouvrait le pays.

极光闪耀，繁星闪烁，白雪覆盖大地。

Le chant des chiens s'éleva comme un cri contre le silence et le froid glacial.

狗的歌声响起，是对寂静和严寒的呐喊。

Mais leur hurlement contenait de la tristesse, et non du défi, dans chaque longue note.

但他们的嚎叫声中，每一个长音都带着悲伤，而不是反抗。

Chaque cri plaintif était plein de supplications, le fardeau de la vie elle-même.

每一声哀号都充满着恳求；充满着生命本身的重担。

Cette chanson était vieille, plus vieille que les villes et plus vieille que les incendies.

这首歌很古老——比城镇更古老，比火更古老

Cette chanson était encore plus ancienne que les voix des hommes.

那首歌甚至比人类的声音还要古老。

C'était une chanson du monde des jeunes, quand toutes les chansons étaient tristes.

这是一首来自年轻世界的歌曲，那时所有的歌曲都是悲伤的。

La chanson portait la tristesse d'innombrables générations de chiens.

这首歌承载着无数代狗狗的悲伤。

Buck ressentait profondément la mélodie, gémissant de douleur enracinée dans les âges.

巴克深深地感受着这旋律，因根植于岁月的痛苦而呻吟。

Il sanglotait d'un chagrin aussi vieux que le sang sauvage dans ses veines.

他因悲伤而抽泣，这种悲伤就像他血管里狂野的血液一样古老。

Le froid, l'obscurité et le mystère ont touché l'âme de Buck.

寒冷、黑暗和神秘触动了巴克的灵魂。

Cette chanson prouvait à quel point Buck était revenu à ses origines.

那首歌证明了巴克已经回归到他的本源有多远。

À travers la neige et les hurlements, il avait trouvé le début de sa propre vie.

在冰雪和嚎叫中，他找到了自己生命的起点。

Sept jours après leur arrivée à Dawson, ils repartent.

抵达道森七天后，他们再次出发。

L'équipe est descendue de la caserne jusqu'au sentier du Yukon.

队伍从军营出发，前往育空小道。

Ils ont commencé le voyage de retour vers Dyea et Salt Water.

他们开始返回戴亚和盐水镇的旅程。

Perrault portait des dépêches encore plus urgentes qu'auparavant.

佩罗传递的急件比以前更加紧急。

Il était également saisi par la fierté du sentier et avait pour objectif d'établir un record.

他也对越野跑感到自豪，并立志要创造一项纪录。

Cette fois, plusieurs avantages étaient du côté de Perrault.

这一次，佩罗一方占据了多项优势。

Les chiens s'étaient reposés pendant une semaine entière et avaient repris des forces.

狗狗们休息了整整一周，恢复了体力。

Le sentier qu'ils avaient ouvert était maintenant damé par d'autres.

他们开辟出来的小路现在已被其他人踩踏殆尽。

À certains endroits, la police avait stocké de la nourriture pour les chiens et les hommes.

在一些地方，警察为狗和人储存了食物。

Perrault voyageait léger, se déplaçait rapidement et n'avait pas grand-chose pour l'alourdir.

佩罗轻装出行，行动迅速，几乎没有什么负担。

Ils ont atteint Sixty-Mile, une course de cinquante milles, dès la première nuit.

第一天晚上，他们就跑到了六十英里，也就是五十英里。

Le deuxième jour, ils se sont précipités sur le Yukon en direction de Pelly.

第二天，他们沿着育空河向佩利进发。

Mais ces beaux progrès ont été accompagnés de beaucoup de difficultés pour François.

但如此好的进步也给弗朗索瓦带来了很大的压力。

La rébellion silencieuse de Buck avait brisé la discipline de l'équipe.

巴克的无声反抗破坏了球队的纪律。

Ils ne se rassemblaient plus comme une seule bête dans les rênes.

他们不再像一头野兽一样齐心协力。

Buck avait conduit d'autres personnes à la défiance par son exemple audacieux.

巴克以他大胆的榜样带领其他人走向反抗。

L'ordre de Spitz n'a plus été accueilli avec crainte ou respect.

斯皮茨的命令不再受到恐惧或尊重。

Les autres ont perdu leur respect pour lui et ont osé résister à son règne.

其他人不再敬畏他，并敢于反抗他的统治。

Une nuit, Pike a volé la moitié d'un poisson et l'a mangé sous les yeux de Buck.

一天晚上，派克偷了半条鱼并在巴克的眼皮底下吃了它。

Une autre nuit, Dub et Joe se sont battus contre Spitz et sont restés impunis.

另一天晚上，杜布和乔与斯皮茨打斗，但并未受到惩罚。

Même Billee gémissait moins doucement et montrait une nouvelle vivacité.

甚至连比莉的哀嚎也不再那么甜美，反而显得尖刻起来。

Buck grognait sur Spitz à chaque fois qu'ils se croisaient.

每次与斯皮茨相遇，巴克都会对它咆哮。

L'attitude de Buck devint audacieuse et menaçante, presque comme celle d'un tyran.

巴克的态度变得大胆而具有威胁性，几乎就像一个恶霸。

Il marchait devant Spitz avec une démarche assurée, pleine de menace moqueuse.

他大摇大摆地在斯皮茨面前踱步，眼神里充满了嘲讽和威胁。

Cet effondrement de l'ordre s'est également propagé parmi les chiens de traîneau.

秩序的崩溃也蔓延到了雪橇犬之中。

Ils se battaient et se disputaient plus que jamais, remplissant le camp de bruit.

他们打架、争吵比以前更加频繁，营地里充满了噪音

La vie au camp se transformait chaque nuit en un chaos sauvage et hurlant.

营地生活每晚都变得狂野、混乱。

Seuls Dave et Solleks sont restés stables et concentrés.

只有戴夫和索莱克斯保持稳定和专注。

Mais même eux sont devenus colériques à cause des bagarres incessantes.

但即使如此，他们也因不断的争吵而变得脾气暴躁。

François jurait dans des langues étranges et piétinait de frustration.

弗朗索瓦用奇怪的语言咒骂，并沮丧地跺脚。

Il s'arrachait les cheveux et criait tandis que la neige volait sous ses pieds.

他一边扯着头发，一边大声喊叫，脚下雪花飞舞。

Son fouet claqua sur le groupe, mais parvint à peine à les maintenir en ligne.

他的鞭子抽打着马群，但几乎没有让它们保持队形。

Chaque fois qu'il tournait le dos, les combats reprenaient.

每当他转身，战斗就会再次爆发。

François a utilisé le fouet pour Spitz, tandis que Buck a dirigé les rebelles.

弗朗索瓦用鞭子抽打斯皮茨，而巴克则领导叛军。

Chacun connaissait le rôle de l'autre, mais Buck évitait tout blâme.

每个人都知道对方的角色，但巴克避免承担任何责任。

François n'a jamais surpris Buck en train de provoquer une bagarre ou de se dérober à son travail.

弗朗索瓦从未发现巴克挑起打架或逃避工作。

Buck travaillait dur sous le harnais – le travail lui faisait désormais vibrer l'esprit.

巴克在马具上辛勤劳作——

现在，辛劳让他精神振奋。

Mais il trouvait encore plus de joie à provoquer des bagarres et du chaos dans le camp.

但他发现在营地里挑起争斗和混乱更让他开心。

Un soir, à l'embouchure du Tahkeena, Dub fit sursauter un lapin.

一天晚上，在塔基纳 (Tahkeena) 的嘴边，杜布
(Dub) 惊吓到了一只兔子。

Il a raté la prise et le lièvre d'Amérique s'est enfui.
他没能抓住雪鞋兔，而雪鞋兔也逃走了。

En quelques secondes, toute l'équipe de traîneau s'est lancée
à sa poursuite en poussant des cris sauvages.
几秒钟之内，整个雪橇队就发出狂野的叫喊声追了上
去。

À proximité, un camp de la police du Nord-Ouest abritait
une cinquantaine de chiens huskys.
附近的西北警察营地里饲养了五十只哈士奇犬。

Ils se sont joints à la chasse, descendant ensemble la rivière
gelée.
他们加入了狩猎，一起顺着冰冻的河流前进。

Le lapin a quitté la rivière et s'est enfui dans le lit d'un
ruisseau gelé.
兔子离开河流，沿着结冰的河床逃走。

Le lapin sautait légèrement sur la neige tandis que les chiens
peinaient à se frayer un chemin.
兔子在雪地上轻轻跳跃，而狗则艰难地穿过雪地。

Buck menait l'énorme meute de soixante chiens dans chaque
virage sinueux.
巴克带领着这群由六十条狗组成的庞大狗群绕过每一
个弯道。

Il avança, bas et impatient, mais ne put gagner du terrain.
他低着头，急切地向前推进，但却无法取得进展。

Son corps brillait sous la lune pâle à chaque saut puissant.
每一次有力的跳跃，他的身躯都在苍白的月光下闪动

Devant, le lapin se déplaçait comme un fantôme, silencieux
et trop rapide pour être attrapé.
前方，兔子像幽灵一样移动，悄无声息，速度快得难
以捕捉。

Tous ces vieux instincts – la faim, le frisson – envahirent
Buck.

所有这些旧本能——饥饿、刺激——
都涌入巴克的心中。

Les humains ressentent parfois cet instinct et sont poussés à chasser avec une arme à feu et des balles.

人类有时会感受到这种本能，驱使人们用枪和子弹去狩猎。

Mais Buck ressentait ce sentiment à un niveau plus profond et plus personnel.

但巴克在更深层次、更个人的层面上感受到了这种感觉。

Ils ne pouvaient pas ressentir la nature sauvage dans leur sang comme Buck pouvait la ressentir.

他们无法像巴克那样感受到血液中的野性。

Il chassait la viande vivante, prêt à tuer avec ses dents et à goûter le sang.

他追逐活肉，准备用牙齿杀死并品尝鲜血。

Son corps se tendait de joie, voulant se baigner dans la vie rouge et chaude.

他的身体因喜悦而紧绷，想要沐浴在温暖的红色生命中。

Une joie étrange marque le point le plus élevé que la vie puisse atteindre.

奇异的喜悦标志着生命所能达到的最高点。

La sensation d'un pic où les vivants oublient même qu'ils sont en vie.

巅峰之感让活着的人忘记自己还活着。

Cette joie profonde touche l'artiste perdu dans une inspiration fulgurante.

这种深深的喜悦，感动了沉浸在炽热灵感中的艺术家。

Cette joie saisit le soldat qui se bat avec acharnement et n'épargne aucun ennemi.

这种喜悦抓住了那些疯狂战斗、不放过任何敌人的士兵。

Cette joie s'empara alors de Buck alors qu'il menait la meute dans une faim primitive.

这种快乐现在占据了巴克的心灵，因为他在原始饥饿中带领着狼群。

Il hurla avec le cri ancien du loup, ravi par la chasse vivante.

他发出古老的狼嚎，为这场活生生的追逐而兴奋不已。

Buck a puisé dans la partie la plus ancienne de lui-même, perdue dans la nature.

巴克挖掘出了自己最古老的部分，迷失在荒野之中。

Il a puisé au plus profond de lui-même, au-delà de la mémoire, dans le temps brut et ancien.

他深入内心，回忆过去，进入原始的远古时代。

Une vague de vie pure a traversé chaque muscle et chaque tendon.

一股纯净的生命之波，涌遍全身肌肉和肌腱。

Chaque saut criait qu'il vivait, qu'il traversait la mort.

他的每一次跳跃都宣告着他活着，他穿越了死亡。

Son corps s'élevait joyeusement au-dessus d'une terre calme et froide qui ne bougeait jamais.

他的身体欢快地飞越那片静止、冰冷、从未动静的土地。

Spitz est resté froid et rusé, même dans ses moments les plus fous.

即使在最疯狂的时刻，斯皮茨也保持着冷静和狡猾。

Il quitta le sentier et traversa un terrain où le ruisseau formait une large courbe.

他离开小路，穿过小溪弯曲的土地。

Buck, inconscient de cela, resta sur le chemin sinueux du lapin.

巴克对此毫不知情，继续沿着兔子蜿蜒的小路走着。

Puis, alors que Buck tournait un virage, le lapin fantomatique était devant lui.

然后，当巴克转过一个弯道时，那只幽灵般的兔子出现在他面前。

Il vit une deuxième silhouette sauter de la berge devant la proie.

他看到第二个身影从河岸上跃起，跑到了猎物的前面

La silhouette était celle d'un Spitz, atterrissant juste sur le chemin du lapin en fuite.

那个身影正是斯皮茨，它正好落在了逃跑的兔子的路径上。

Le lapin ne pouvait pas se retourner et a rencontré les mâchoires de Spitz en plein vol.

兔子无法转身，在半空中撞上了斯皮茨的下巴。

La colonne vertébrale du lapin se brisa avec un cri aussi aigu que le cri d'un humain mourant.

兔子的脊椎断裂了，发出一声如同人类濒死哀嚎般的尖叫。

À ce bruit – la chute de la vie à la mort – la meute hurla fort.

听到那声音——从生到死的坠落——
狼群发出了大声的嚎叫。

Un chœur sauvage s'éleva derrière Buck, plein de joie sombre.

巴克身后响起一阵狂野的合唱，充满阴暗的喜悦。

Buck n'a émis aucun cri, aucun son, et a chargé directement Spitz.

巴克没有叫喊，没有发出任何声音，径直向斯皮茨冲去。

Il a visé la gorge, mais a touché l'épaule à la place.

他瞄准的是喉咙，但却击中了肩膀。

Ils dégringolèrent dans la neige molle, leurs corps bloqués dans le combat.

他们在柔软的雪地上翻滚；他们的身体扭打在一起。

Spitz se releva rapidement, comme s'il n'avait jamais été renversé.

斯皮茨迅速跳起，仿佛根本就没有被击倒过一样。

Il a entaillé l'épaule de Buck, puis s'est éloigné du combat.

他砍伤了巴克的肩膀，然后跳开了战斗。

À deux reprises, ses dents claquèrent comme des pièges en acier, ses lèvres se retroussèrent et devinrent féroces.

他的牙齿像钢陷阱一样咬合了两次，嘴唇猛地卷起。

Il recula lentement, cherchant un sol ferme sous ses pieds.

他慢慢地后退，寻找脚下坚实的地面。

Buck a compris le moment instantanément et pleinement.

巴克立刻就完全理解了这一刻。

Le moment était venu ; le combat allait être un combat à mort.

时机已到，这场战斗将是一场你死我活的战斗。

Les deux chiens tournaient en rond, grognant, les oreilles plates, les yeux plissés.

两只狗绕着圈子，咆哮着，耳朵放平，眼睛眯成一条缝。

Chaque chien attendait que l'autre montre une faiblesse ou fasse un faux pas.

每只狗都在等待另一只狗表现出软弱或失误。

Pour Buck, la scène semblait étrangement connue et profondément ancrée dans ses souvenirs.

对于巴克来说，这个场景感觉异常熟悉，并且记忆深刻。

Les bois blancs, la terre froide, la bataille au clair de lune.

白色的树林，冰冷的大地，月光下的战斗。

Un silence pesant emplissait le pays, profond et contre nature.

大地上弥漫着一种沉重的寂静，深沉而不自然。

Aucun vent ne soufflait, aucune feuille ne bougeait, aucun bruit ne brisait le silence.

没有风吹拂，没有树叶摇动，没有任何声音打破寂静。

Le souffle des chiens s'élevait comme de la fumée dans l'air glacial et calme.

狗的呼吸在冰冷、寂静的空气中像烟雾一样升起。

Le lapin a été depuis longtemps oublié par la meute de bêtes sauvages.

这只兔子早已被野兽群遗忘了。

Ces loups à moitié apprivoisés se tenaient maintenant immobiles dans un large cercle.

这些半驯服的狼此刻站成一个大圆圈。

Ils étaient silencieux, seuls leurs yeux brillants révélaient leur faim.

它们安静下来，只有闪闪发光的眼睛透露出饥饿感。

Leur souffle s'éleva, regardant le combat final commencer.

他们的呼吸向上飘荡，看着最后的战斗开始。

Pour Buck, cette bataille était ancienne et attendue, pas du tout étrange.

对于巴克来说，这场战斗早已习以为常，毫无陌生感

C'était comme un souvenir de quelque chose qui devait arriver depuis toujours.

这感觉就像是注定要发生的事情的记忆。

Le Spitz était un chien de combat entraîné, affiné par d'innombrables bagarres sauvages.

斯皮茨是一只经过训练的斗犬，经过无数次野外斗殴的磨练。

Du Spitzberg au Canada, il a vaincu de nombreux ennemis.

从斯匹次卑尔根到加拿大，他战胜了许多敌人。

Il était rempli de fureur, mais n'a jamais cédé au contrôle de la rage.

他心中充满愤怒，但却从不控制自己的愤怒。

Sa passion était vive, mais toujours tempérée par un instinct dur.

他的热情很强烈，但总是受到坚强本能的缓和。

Il n'a jamais attaqué jusqu'à ce que sa propre défense soit en place.

在他自己的防御到位之前，他绝不会发起攻击。

Buck a essayé encore et encore d'atteindre le cou vulnérable de Spitz.

巴克一次又一次地尝试去够斯皮茨脆弱的脖子。

Mais chaque coup était accueilli par un coup des dents acérées de Spitz.

但每一次攻击都会被斯皮茨锋利的牙齿咬住。

Leurs crocs se sont heurtés et les deux chiens ont saigné de leurs lèvres déchirées.

它们的尖牙相撞，两只狗的嘴唇都被撕裂，鲜血直流

Peu importe comment Buck s'est lancé, il n'a pas pu briser la défense.

无论巴克如何猛扑，都无法突破防守。

Il devint de plus en plus furieux, se précipitant avec des explosions de puissance sauvages.

他越发愤怒，爆发出狂野的力量冲了进来。

À maintes reprises, Buck frappait la gorge blanche du Spitz.

巴克一次又一次地攻击斯皮茨的白色喉咙。

À chaque fois, Spitz esquivait et riposta avec une morsure tranchante.

每次 Spitz 都会躲避并以猛烈的咬击进行反击。

Buck changea alors de tactique, se précipitant à nouveau comme pour atteindre la gorge.

然后巴克改变了策略，再次冲向喉咙。

Mais il s'est retiré au milieu de l'attaque, se tournant pour frapper sur le côté.

但他在进攻中途撤退，转身从侧面发起攻击。

Il a lancé son épaule sur Spitz, dans le but de le faire tomber.

他用肩膀撞向斯皮茨，想将他击倒。

À chaque fois qu'il essayait, Spitz esquivait et ripostait avec une frappe.

每次他尝试，斯皮茨都会躲开并用砍刀反击。

L'épaule de Buck était à vif alors que Spitz s'écartait après chaque coup.

每次击中斯皮茨后，他都会跳起来，而巴克的肩膀则变得疼痛。

Spitz n'avait pas été touché, tandis que Buck saignait de nombreuses blessures.

斯皮茨毫发无损，而巴克却多处受伤流血。

La respiration de Buck était rapide et lourde, son corps était couvert de sang.

巴克的呼吸急促而沉重，他的身上沾满了鲜血。

Le combat devenait plus brutal à chaque morsure et à chaque charge.

随着每一次咬伤和冲锋，战斗变得更加残酷。

Autour d'eux, soixante chiens silencieux attendaient le premier à tomber.

在它们周围，六十只狗静静地等待着第一只狗倒下。

Si un chien tombait, la meute allait mettre fin au combat.

只要有一只狗倒下，整群狗就会结束这场战斗。

Spitz vit Buck faiblir et commença à attaquer.

斯皮茨看到巴克逐渐虚弱，便开始发起攻击。

Il a maintenu Buck en déséquilibre, le forçant à lutter pour garder pied.

他让巴克失去平衡，迫使他奋力站立。

Un jour, Buck trébucha et tomba, et tous les chiens se relevèrent.

有一次，巴克绊倒了，所有的狗都站了起来。

Mais Buck s'est redressé au milieu de sa chute, et tout le monde s'est affalé.

但巴克在下落过程中恢复了平衡，所有人都再次沉了下去。

Buck avait quelque chose de rare : une imagination née d'un instinct profond.

巴克拥有一种罕见的东西——
源于深层本能的想象力。

Il combattait par instinct naturel, mais aussi par ruse.

他凭借天生的斗志战斗，但也凭借狡猾的手段战斗。

Il chargea à nouveau comme s'il répétait son tour d'attaque à l'épaule.

他再次冲锋，仿佛在重复他的肩部攻击技巧。

Mais à la dernière seconde, il s'est laissé tomber et a balayé Spitz.

但在最后一秒，他俯冲下来并从斯皮茨下方掠过。

Ses dents se sont bloquées sur la patte avant gauche de Spitz avec un claquement.

他的牙齿猛地咬住了斯皮茨的左前腿。

Spitz était maintenant instable, son poids reposant sur seulement trois pattes.

斯皮茨现在站不稳，他的体重只靠三条腿支撑。

Buck frappa à nouveau, essaya trois fois de le faire tomber.

巴克再次发起攻击，三次试图将他击倒。

À la quatrième tentative, il a utilisé le même mouvement avec succès.

第四次尝试时，他使用同样的动作成功了

Cette fois, Buck a réussi à mordre la jambe droite du Spitz.

这次巴克成功咬住了斯皮茨的右腿。

Spitz, bien que paralysé et souffrant, continuait à lutter pour survivre.

斯皮茨虽然残疾且痛苦不堪，但仍在为生存而努力奋斗。

Il vit le cercle de huskies se resserrer, la langue tirée, les yeux brillants.

他看到一群哈士奇围成一圈，舌头伸出，眼睛闪闪发光。

Ils attendaient de le dévorer, comme ils l'avaient fait pour les autres.

他们等着吞噬他，就像他们对其他人所做的那样。

Cette fois, il se tenait au centre, vaincu et condamné.

这一次，他站在了中心，失败了，注定要失败。

Le chien blanc n'avait désormais plus aucune possibilité de s'échapper.

白狗现在已经没有逃跑的选择。

Buck n'a montré aucune pitié, car la pitié n'avait pas sa place dans la nature.

巴克毫不留情，因为野性中不存在怜悯。

Buck se déplaçait prudemment, se préparant à la charge finale.

巴克小心翼翼地移动，准备发起最后的冲锋。

Le cercle des huskies se referma ; il sentit leur souffle chaud.

哈士奇们围成一圈，他感觉到它们温暖的呼吸。

Ils s'accroupirent, prêts à bondir lorsque le moment viendrait.

他们蹲下身子，准备在时机成熟时跳起。

Spitz tremblait dans la neige, grognant et changeant de position.

斯皮茨在雪地里颤抖着，咆哮着，不断改变着姿势。

Ses yeux brillaient, ses lèvres se courbaient, ses dents brillaient dans une menace désespérée.

他双眼怒视，嘴唇撇着，露出牙齿，露出绝望的威胁表情。

Il tituba, essayant toujours de résister à la morsure froide de la mort.

他跟跄着，仍然试图抵挡死亡的冰冷咬咬。

Il avait déjà vu cela auparavant, mais toujours du côté des gagnants.

他以前也见过这种情况，但总是从胜利者的角度看。

Il était désormais du côté des perdants, des vaincus, de la proie, de la mort.

现在他站在了失败的一方；被击败的一方；猎物；死亡的一方。

Buck tourna en rond pour porter le coup final, le cercle de chiens se rapprochant.

巴克绕圈准备发动最后一击，而狗群则围得更紧了。

Il pouvait sentir leur souffle chaud, prêt à tuer.

他能感觉到他们灼热的呼吸；准备杀戮。

Un silence s'installa ; tout était à sa place ; le temps s'était arrêté.

一切都安静下来；一切都恢复了原状；时间停止了。

Même l'air froid entre eux se figea un dernier instant.

就连两人之间冰冷的空气，也在最后一刻凝固了。

Seul Spitz bougea, essayant de retenir sa fin amère.

只有斯皮茨还在动，试图阻止自己走向痛苦的结局。

Le cercle des chiens se refermait autour de lui, comme l'était son destin.

一群狗正在向他逼近，他的命运也随之终结。

Il était désespéré maintenant, sachant ce qui allait se passer.
他现在很绝望，知道即将发生什么。

Buck bondit, épaule contre épaule une dernière fois.
巴克跳了进来，最后一次肩膀碰了碰。

Les chiens se sont précipités en avant, couvrant Spitz dans l'obscurité neigeuse.
狗群猛扑上前，将斯皮茨笼罩在雪白的黑暗之中。

Buck regardait, debout, le vainqueur dans un monde sauvage.
巴克昂首挺胸地注视着这一切；他是野蛮世界中的胜利者。

La bête primordiale dominante avait fait sa proie, et c'était bien.
占主导地位的原始野兽已经杀死了猎物，这很好。

Celui qui a gagné la maîtrise
他，赢得了大师的地位

« Hein ? Qu'est-ce que j'ai dit ? Je dis vrai quand je dis que Buck est un démon. »

"呃？我说什么了？我说巴克是个魔鬼，这话可是对的。"

François a dit cela le lendemain matin après avoir constaté la disparition de Spitz.

第二天早上，弗朗索瓦发现斯皮茨失踪后说了这句话

Buck se tenait là, couvert de blessures dues au combat acharné.

巴克站在那里，浑身是激烈打斗造成的伤口。

François tira Buck près du feu et lui montra les blessures.

弗朗索瓦把巴克拉到火堆旁，指着伤口。

« Ce Spitz s'est battu comme le Devik », dit Perrault en observant les profondes entailles.

"那只斯皮茨的战斗力就像德维克一样，"佩罗看着深深的伤口说道。

« Et ce Buck s'est battu comme deux diables », répondit aussitôt François.

"巴克打起来就像两个魔鬼一样，"弗朗索瓦立刻回答道。

« Maintenant, nous allons faire du bon temps ; plus de Spitz, plus de problèmes. »

"现在我们可以顺利度过，不再有斯皮茨，不再有麻烦了。"

Perrault préparait le matériel et chargeait le traîneau avec soin.

佩罗正在打包装备并小心翼翼地装载雪橇。

François a attelé les chiens en prévision de la course du jour.

弗朗索瓦给狗套上挽具，为一天的奔跑做准备。

Buck a trotté directement vers la position de tête autrefois détenue par Spitz.

巴克径直小跑到斯皮茨曾经占据的领先位置。

Mais François, sans s'en apercevoir, conduisit Solleks vers l'avant.

但弗朗索瓦没有注意到，带领索莱克斯走向了前线。

Aux yeux de François, Solleks était désormais le meilleur chien de tête.

在弗朗索瓦看来，索莱克斯现在是最好的领头犬。

Buck se jeta sur Solleks avec fureur et le repoussa en signe de protestation.

巴克愤怒地向索莱克斯扑去，并把他赶了回去以示抗议。

Il se tenait là où Spitz s'était autrefois tenu, revendiquant la position de leader.

他站在斯皮茨曾经站过的地方，占据领先位置。

« Hein ? Hein ? » s'écria François en se frappant les cuisses d'un air amusé.

"啊？啊？"弗朗索瓦叫道，高兴地拍着大腿。

« Regardez Buck, il a tué Spitz, et maintenant il veut prendre le poste ! »

"看看巴克——

他杀了斯皮茨，现在他想接手这份工作！"

« Va-t'en, Chook ! » cria-t-il, essayant de chasser Buck.

"走开，Chook！"他大喊，试图把巴克赶走。

Mais Buck refusa de bouger et resta ferme dans la neige.

但巴克拒绝移动，坚定地站在雪地里。

François attrapa Buck par la peau du cou et le tira sur le côté.

弗朗索瓦抓住巴克的颈背，把他拖到一边。

Buck grogna bas et menaçant mais n'attaqua pas.

巴克低声发出威胁性的咆哮声，但并没有发起攻击。

François a remis Solleks en tête, tentant de régler le différend

弗朗索瓦让索莱克斯重新领先，试图解决争端

Le vieux chien avait peur de Buck et ne voulait pas rester.

老狗对巴克表现出恐惧，不想留下来。

Quand François lui tourna le dos, Buck chassa à nouveau Solleks.

当弗朗索瓦转身时，巴克再次把索莱克斯赶了出去。

Solleks n'a pas résisté et s'est discrètement écarté une fois de plus.

索莱克斯没有反抗，再次悄悄地走到了一边。

François s'est mis en colère et a crié : « Par Dieu, je te répare ! »

弗朗索瓦非常生气，大声喊道："上帝啊，我要解决掉你！"

Il s'approcha de Buck en tenant une lourde massue à la main.

他手里拿着一根沉重的棍棒向巴克走来。

Buck se souvenait bien de l'homme au pull rouge.

巴克清楚地记得那个穿红毛衣的男人。

Il recula lentement, observant François, mais grognant profondément.

他慢慢地后退，注视着弗朗索瓦，但发出低沉的咆哮声。

Il ne s'est pas précipité en arrière, même lorsque Solleks s'est levé à sa place.

即使索莱克斯站在他的位置上，他也没有急忙后退。

Buck tourna en rond juste hors de portée, grognant de fureur et de protestation.

巴克在它够不着的地方绕了一圈，愤怒地咆哮着表示抗议。

Il gardait les yeux fixés sur le gourdin, prêt à esquiver si François lançait.

他一直盯着球杆，准备在弗朗索瓦扔球时躲避。

Il était devenu sage et prudent quant aux manières des hommes armés.

他已经变得聪明并且对持有武器的人的行为更加谨慎。

François abandonna et rappela Buck à son ancienne place.

弗朗索瓦放弃了，再次把巴克叫到原来的地方。

Mais Buck recula prudemment, refusant d'obéir à l'ordre.

但巴克小心翼翼地后退，拒绝服从命令。

François le suivit, mais Buck ne recula que de quelques pas supplémentaires.

弗朗索瓦跟了上去，但巴克只是后退了几步。

Après un certain temps, François jeta l'arme par frustration.

过了一会儿，弗朗索瓦沮丧地扔掉了武器。

Il pensait que Buck craignait d'être battu et qu'il allait venir tranquillement.

他以为巴克害怕挨打，所以会悄悄地走过去。

Mais Buck n'évitait pas la punition : il se battait pour son rang.

但巴克并没有逃避惩罚——他是在为地位而战。

Il avait gagné la place de chien de tête grâce à un combat à mort.

他通过一场殊死搏斗赢得了领头狗的位置

il n'allait pas se contenter de moins que d'être le leader.

他不会满足于成为领导者以外的任何角色。

Perrault a participé à la poursuite pour aider à attraper le Buck rebelle.

佩罗参与了追捕，帮助抓住了叛逆的巴克。

Ensemble, ils l'ont fait courir dans le camp pendant près d'une heure.

他们一起带着他在营地里跑了将近一个小时。

Ils lui lancèrent des coups de massue, mais Buck les esquiva habilement.

他们向他扔棍棒，但巴克巧妙地躲开了每一个棍棒。

Ils l'ont maudit, lui, ses ancêtres, ses descendants et chaque cheveu de sa personne.

他们咒骂他、咒骂他的祖先、咒骂他的后代、咒骂他身上的每一根头发。

Mais Buck se contenta de gronder en retour et resta hors de leur portée.

但巴克只是咆哮着回应，并待在他们够不着的地方。

Il n'a jamais essayé de s'enfuir mais a délibérément tourné autour du camp.

他从未试图逃跑，而是故意绕着营地转。

Il a clairement fait savoir qu'il obéirait une fois qu'ils lui auraient donné ce qu'il voulait.

他明确表示，一旦他们满足了他的要求，他就会服从

François s'est finalement assis et s'est gratté la tête avec frustration.

弗朗索瓦终于坐下来，沮丧地挠了挠头。

Perrault consulta sa montre, jura et marmonna à propos du temps perdu.

佩罗看了看手表，咒骂着，嘟囔着浪费了时间。

Une heure s'était déjà écoulée alors qu'ils auraient dû être sur la piste.

本来应该上路的他们，现在已经过去了一个小时了。

François haussa les épaules d'un air penaud en direction du coursier, qui soupira de défaite.

弗朗索瓦不好意思地对信使耸了耸肩，信使无奈地叹了口气。

François se dirigea alors vers Solleks et appela Buck une fois de plus.

然后弗朗索瓦走到索莱克斯身边，再次呼唤巴克。

Buck rit comme rit un chien, mais garda une distance prudente.

巴克像狗一样笑，但仍然保持着谨慎的距离。

François retira le harnais de Solleks et le remit à sa place.

弗朗索瓦解下了索莱克斯的安全带，并将他放回原位

L'équipe de traîneau était entièrement harnachée, avec seulement une place libre.

雪橇队已全部装备完毕，只有一个位置空着。

La position de tête est restée vide, clairement destinée à Buck seul.

领先位置仍然空着，显然是留给巴克一个人的。

François appela à nouveau, et à nouveau Buck rit et tint bon.

弗朗索瓦再次叫道，巴克再次大笑并坚守阵地。

« Jetez le gourdin», ordonna Perrault sans hésitation.

"把棍棒扔下去。" 佩罗毫不犹豫地命令道。

François obéit et Buck trotta immédiatement en avant, fièrement.

弗朗索瓦服从了，巴克立即骄傲地向前小跑。

Il rit triomphalement et prit la tête.

他得意地大笑起来，走上领头的位置。

François a sécurisé ses traces et le traîneau a été détaché.

弗朗索瓦固定住了牵引绳，雪橇松开了。

Les deux hommes couraient côte à côte tandis que l'équipe s'engageait sur le sentier de la rivière.

当队伍冲向河边小道时，两人都并肩奔跑。

François avait une haute opinion des « deux diables » de Buck,

弗朗索瓦对巴克的 "两个魔鬼" 评价很高，

mais il s'est vite rendu compte qu'il avait en fait sous-estimé le chien.

但他很快意识到自己其实低估了这只狗。

Buck a rapidement pris le leadership et a fait preuve d'excellence.

巴克很快就承担起了领导责任，并表现出色。

En termes de jugement, de réflexion rapide et d'action, Buck a surpassé Spitz.

在判断力、敏捷思维和快速行动方面，巴克超越了斯皮茨。

François n'avait jamais vu un chien égal à celui que Buck présentait maintenant.

弗朗索瓦从来没有见过一只狗能像巴克现在表现的那样。

Mais Buck excellait vraiment dans l'art de faire respecter l'ordre et d'imposer le respect.

但巴克在维持秩序和赢得尊重方面确实表现出色。

Dave et Solleks ont accepté le changement sans inquiétude ni protestation.

戴夫和索莱克斯毫无顾虑或抗议地接受了这一改变。

Ils se concentraient uniquement sur le travail et tiraient fort sur les rênes.

他们只专注于工作并全力以赴。

Peu leur importait de savoir qui menait, tant que le traîneau continuait d'avancer.

他们并不关心谁领先，只要雪橇能够继续前进就行。

Billee, la joyeuse, aurait pu diriger pour autant qu'ils s'en soucient.

比莉，性格开朗，本来可以担任领导，至于他们关心的是什么，那就由她来吧。

Ce qui comptait pour eux, c'était la paix et l'ordre dans les rangs.

对他们来说，重要的是军队的和平与秩序。

Le reste de l'équipe était devenu indiscipliné pendant le déclin de Spitz.

在斯皮茨状态下滑期间，球队的其他成员也变得难以管教。

Ils furent choqués lorsque Buck les ramena immédiatement à l'ordre.

当巴克立即让他们安静下来时，他们震惊了。

Pike avait toujours été paresseux et traînait les pieds derrière Buck.

派克总是很懒，总是跟在巴克后面。

Mais maintenant, il a été sévèrement discipliné par la nouvelle direction.

但现在却受到了新领导层的严厉惩戒。

Et il a rapidement appris à faire sa part dans l'équipe.

他很快就学会了在团队中发挥自己的作用。

À la fin de la journée, Pike avait travaillé plus dur que jamais.

到了这一天结束时，派克比以前更加努力地工作。

Cette nuit-là, au camp, Joe, le chien aigri, fut finalement maîtrisé.

那天晚上在营地里，乔这只脾气暴躁的狗终于被制服了。

Spitz n'avait pas réussi à le discipliner, mais Buck n'avait pas échoué.

斯皮茨未能管教好他，但巴克并没有失败。

Grâce à son poids plus important, Buck a vaincu Joe en quelques secondes.

巴克利用自己更强大的体重，在几秒钟内就制服了乔

Il a mordu et battu Joe jusqu'à ce qu'il gémisse et cesse de résister.

他不断咬乔，殴打他，直到乔呜咽一声并停止反抗。

Toute l'équipe s'est améliorée à partir de ce moment-là.

从那一刻起，整个团队都进步了。

Les chiens ont retrouvé leur ancienne unité et leur discipline.

狗又恢复了往日的团结和纪律。

À Rink Rapids, deux nouveaux huskies indigènes, Teek et Koona, nous ont rejoint.

在 Rink Rapids，两只新的本地哈士奇犬 Teek 和 Koona 加入了我们。

La rapidité avec laquelle Buck les dressa étonna même François.

巴克对它们的快速训练甚至让弗朗索瓦感到惊讶。

« Il n'y a jamais eu de chien comme ce Buck ! » s'écria-t-il avec stupéfaction.

"从来没有过像巴克这样的狗！"他惊讶地喊道。

« Non, jamais ! Il vaut mille dollars, bon sang ! »

"不，绝对不！他值一千美元，我的天哪！"

« Hein ? Qu'en dis-tu, Perrault ? » demanda-t-il avec fierté.

"嗯？你说什么，佩罗？"他骄傲地问道。

Perrault hocha la tête en signe d'accord et vérifia ses notes.

佩罗点头表示同意，并查看了他的笔记。

Nous sommes déjà en avance sur le calendrier et gagnons chaque jour davantage.

我们已经提前完成了计划，并且每天都有收获。

Le sentier était dur et lisse, sans neige fraîche.

小路坚硬而平坦，没有新雪。

Le froid était constant, oscillant autour de cinquante degrés en dessous de zéro.

天气持续寒冷，气温始终徘徊在零下五十度左右。

Les hommes montaient et couraient à tour de rôle pour se réchauffer et gagner du temps.

男人们轮流骑马和跑步以保持温暖并节省时间。

Les chiens couraient vite avec peu d'arrêts, poussant toujours vers l'avant.

狗跑得很快，很少停下来，一直向前跑。

La rivière Thirty Mile était en grande partie gelée et facile à traverser.

三十英里河大部分已结冰，通行十分方便。

Ils sont sortis en un jour, ce qui leur avait pris dix jours pour venir.

他们用一天的时间就完成了十天前才完成的工作。

Ils ont parcouru une distance de soixante milles du lac Le Barge jusqu'à White Horse.

他们从勒巴日湖（Lake Le Barge）出发，奔跑了 60 英里到达白马湖（White Horse）。

À travers les lacs Marsh, Tagish et Bennett, ils se déplaçaient incroyablement vite.

它们以惊人的速度穿越马什湖、塔吉什湖和贝内特湖

L'homme qui courait était tiré derrière le traîneau par une corde.

奔跑的人被一根绳子拖在雪橇后面。

La dernière nuit de la deuxième semaine, ils sont arrivés à destination.

第二周的最后一晚，他们到达了目的地。

Ils avaient atteint ensemble le sommet du col White.

他们一起到达了白山口的顶峰。

Ils sont descendus au niveau de la mer avec les lumières de Skaguay en dessous d'eux.

他们下降到海平面，斯卡圭的灯光在他们下方。

Il s'agissait d'une course record à travers des kilomètres de nature froide et sauvage.

这是一次穿越数英里寒冷荒野的创纪录的奔跑。

Pendant quatorze jours d'affilée, ils ont parcouru en moyenne quarante miles.

连续十四天，他们平均行走四十英里。

À Skaguay, Perrault et François transportaient des marchandises à travers la ville.

在斯卡圭，佩罗和弗朗索瓦将货物运送到镇上。

Ils ont été acclamés et ont reçu de nombreuses boissons de la part d'une foule admirative.

崇拜的人群为他们欢呼，并为他们提供了很多饮料。

Les chasseurs de chiens et les ouvriers se sont rassemblés autour du célèbre attelage de chiens.

缉毒人员和工作人员聚集在这支著名的狗队周围。

Puis les hors-la-loi de l'Ouest arrivèrent en ville et subirent une violente défaite.

随后西方歹徒来到该镇并遭到惨败。

Les gens ont vite oublié l'équipe et se sont concentrés sur un nouveau drame.

人们很快就忘记了这支球队，而把注意力集中在新的戏剧上。

Puis sont arrivées les nouvelles commandes qui ont tout changé d'un coup.

随后，新的命令下达，一切都立刻发生了改变。

François appela Buck à lui et le serra dans ses bras avec une fierté larmoyante.

弗朗索瓦把巴克叫到身边，满含泪水，自豪地拥抱了他。

Ce moment fut la dernière fois que Buck revit François.

那一刻是巴克最后一次见到弗朗索瓦。

Comme beaucoup d'hommes avant eux, François et Perrault étaient tous deux partis.

和之前的许多人一样，弗朗索瓦和佩罗都去世了。

Un métis écossais a pris en charge Buck et ses coéquipiers de chiens de traîneau.

一名苏格兰混血儿负责照顾巴克和他的雪橇犬队友。

Avec une douzaine d'autres équipes de chiens, ils sont retournés par le sentier jusqu'à Dawson.

他们与其他十几支狗队一起沿着小路返回道森。

Ce n'était plus une course rapide, juste un travail pénible avec une lourde charge chaque jour.

现在不再是快速奔跑，而是每天辛苦劳作、负重前行。

C'était le train postal qui apportait des nouvelles aux chercheurs d'or près du pôle.

这是邮政列车，为北极附近的淘金者带来消息。

Buck n'aimait pas le travail mais le supportait bien, étant fier de ses efforts.

巴克不喜欢这项工作，但他很好地忍受了下来，并为他的努力感到自豪。

Comme Dave et Solleks, Buck a fait preuve de dévouement dans chaque tâche quotidienne.

和戴夫和索莱克斯一样，巴克对每一项日常任务都表现出极大的热情。

Il s'est assuré que chacun de ses coéquipiers fasse sa part du travail.

他确保每个队友都尽到自己的责任。

La vie sur les sentiers est devenue ennuyeuse, répétée avec la précision d'une machine.

小径生活变得枯燥乏味，像机器一样精确地重复着。

Chaque jour était le même, un matin se fondant dans le suivant.

每天的感觉都一样，一个早晨与下一个早晨融为一体

À la même heure, les cuisiniers se levèrent pour allumer des feux et préparer la nourriture.

同一时间，厨师们起床生火准备食物。

Après le petit-déjeuner, certains quittèrent le camp tandis que d'autres attelèrent les chiens.

早餐后，一些人离开营地，另一些人给狗牵上挽具。

Ils ont pris la route avant que le faible avertissement de l'aube ne touche le ciel.

在黎明的微弱曙光尚未出现之前，他们就踏上了旅程。

La nuit, ils s'arrêtaient pour camper, chaque homme ayant une tâche précise.

入夜后，他们停下来扎营，每个人都肩负着固定的职责。

Certains ont monté les tentes, d'autres ont coupé du bois de chauffage et ramassé des branches de pin.

一些人搭起帐篷，其他人砍柴并收集松枝。

De l'eau ou de la glace étaient ramenées aux cuisiniers pour le repas du soir.

水或冰被带回给厨师，供他们做晚餐。

Les chiens ont été nourris et c'était le meilleur moment de la journée pour eux.

狗狗们吃饱了，这是它们一天中最美好的时光。

Après avoir mangé du poisson, les chiens se sont détendus et se sont allongés près du feu.

吃完鱼后，狗狗们就在火堆旁放松休息。

Il y avait une centaine d'autres chiens dans le convoi avec lesquels se mêler.

车队中还有一百只狗可以混在一起。

Beaucoup de ces chiens étaient féroces et prompts à se battre sans prévenir.

许多狗都很凶猛，而且会毫无预警地打架。

Mais après trois victoires, Buck a maîtrisé même les combattants les plus féroces.

但在三次胜利之后，巴克甚至战胜了最凶猛的战士。

Maintenant, quand Buck grogna et montra ses dents, ils s'écartèrent.

现在，当巴克咆哮并露出牙齿时，他们就闪到一边。

Mais le plus beau dans tout ça, c'est que Buck aimait s'allonger près du feu de camp vacillant.

也许最重要的是，巴克喜欢躺在摇曳的篝火旁。

Il s'accroupit, les pattes arrière repliées et les pattes avant tendues vers l'avant.

他蹲下，后腿蜷缩，前腿向前伸直。

Sa tête était levée tandis qu'il cligna doucement des yeux devant les flammes rougeoyantes.

他抬起头，对着炽热的火焰轻轻眨了眨眼。

Parfois, il se souvenait de la grande maison du juge Miller à Santa Clara.

有时他会回忆起米勒法官在圣克拉拉的大房子。

Il pensait à la piscine en ciment, à Ysabel et au carlin appelé Toots.

他想起了水泥池、伊莎贝尔和那只名叫图茨的哈巴狗

Mais le plus souvent, il se souvenait du gourdin de l'homme au pull rouge.

但他更多时候想起的是那个穿红毛衣的男人的棍棒。

Il se souvenait de la mort de Curly et de sa bataille acharnée contre Spitz.

他记得卷毛的死，以及他与斯皮茨的激烈战斗。

Il se souvenait aussi des bons plats qu'il avait mangés ou dont il rêvait encore.

他还回忆起曾经吃过或至今仍梦想着的美食。

Buck n'avait pas le mal du pays : la vallée chaude était lointaine et irréelle.

巴克并不想家——温暖的山谷遥远而不真实。

Les souvenirs de Californie n'avaient plus vraiment d'influence sur lui.

加利福尼亚的记忆对他不再有任何真正的吸引力。

Plus forts que la mémoire étaient les instincts profondément ancrés dans sa lignée.

比记忆更强大的是他血液深处的本能。

Les habitudes autrefois perdues étaient revenues, ravivées par le sentier et la nature sauvage.

曾经失去的习惯又回来了，在小路和荒野中重新焕发活力。

Tandis que Buck regardait la lumière du feu, cela devenait parfois autre chose.

当巴克注视着火光时，它有时会变成别的东西。

Il vit à la lueur du feu un autre feu, plus vieux et plus profond que celui-ci.

他在火光中看到了另一团火，比现在的火更古老、更深沉。

À côté de cet autre feu se tenait accroupi un homme qui ne ressemblait pas au cuisinier métis.

在那堆火旁边蹲着一个男人，与那个混血厨师不同。

Cette figurine avait des jambes courtes, de longs bras et des muscles durs et noués.

这个人的腿很短，手臂很长，肌肉坚硬而紧绷。

Ses cheveux étaient longs et emmêlés, tombant en arrière à partir des yeux.

他的头发又长又乱，从眼睛处向后倾斜。

Il émit des sons étranges et regarda l'obscurité avec peur.

他发出奇怪的声音并恐惧地盯着黑暗。

Il tenait une massue en pierre basse, fermement serrée dans sa longue main rugueuse.

他低手握着一根石棒，用他那只粗糙的长手紧紧地握着。

L'homme portait peu de vêtements ; juste une peau carbonisée qui pendait dans son dos.

这个人穿得很少；只有一层烧焦的皮肤垂在背上。

Son corps était couvert de poils épais sur les bras, la poitrine et les cuisses.

他的手臂、胸部和大腿上长满了浓密的毛发。

Certaines parties des cheveux étaient emmêlées en plaques de fourrure rugueuse.

有些部分的毛发缠结成一片片粗糙的毛皮。

Il ne se tenait pas droit mais penché en avant des hanches jusqu'aux genoux.

他没有站直，而是从臀部到膝盖向前弯曲。

Ses pas étaient élastiques et félins, comme s'il était toujours prêt à bondir.

他的步伐轻快，像猫一样，仿佛随时准备跳跃。

Il y avait une vive vigilance, comme s'il vivait dans une peur constante.

他高度警惕，仿佛生活在持续的恐惧之中。

Cet homme ancien semblait s'attendre au danger, que le danger soit perçu ou non.

这位老人似乎预料到了危险，无论是否看到了危险。

Parfois, l'homme poilu dormait près du feu, la tête entre les jambes.

有时，这个毛茸茸的男人会睡在火堆旁，头埋在两腿之间。

Ses coudes reposaient sur ses genoux, ses mains jointes au-dessus de sa tête.

他的手肘放在膝盖上，双手交叉放在头顶。

Comme un chien, il utilisait ses bras velus pour se débarrasser de la pluie qui tombait.

他像狗一样用毛茸茸的手臂甩掉落下的雨水。

Au-delà de la lumière du feu, Buck vit deux charbons jumeaux briller dans l'obscurité.

在火光的远处，巴克看到两块煤在黑暗中闪闪发光。

Toujours deux par deux, ils étaient les yeux des bêtes de proie traquantes.

它们总是成双成对，就像潜行的猛兽的眼睛。

Il entendit des corps s'écraser à travers les broussailles et des bruits se faire entendre dans la nuit.

他听到了尸体撞破灌木丛的声音和夜晚发出的声音。

Allongé sur la rive du Yukon, clignant des yeux, Buck rêvait près du feu.

巴克躺在育空河岸上，眨着眼睛，在火堆旁做着梦。

Les images et les sons de ce monde sauvage lui faisaient dresser les cheveux sur la tête.

那个狂野世界的景象和声音让他毛骨悚然。

La fourrure s'élevait le long de son dos, de ses épaules et de son cou.

毛发沿着他的背部、肩膀和脖子向上生长。

Il gémissait doucement ou émettait un grognement sourd au plus profond de sa poitrine.

他轻轻地呜咽着，或者从胸腔深处发出低沉的咆哮声

Alors le cuisinier métis cria : « Hé, toi Buck, réveille-toi ! »

这时，混血厨师喊道：“嘿，巴克，你醒醒！”

Le monde des rêves a disparu et la vraie vie est revenue aux yeux de Buck.

梦境消失了，现实生活又回到了巴克的眼前。

Il allait se lever, s'étirer et bâiller, comme s'il venait de se réveiller d'une sieste.

他要起身、伸伸懒腰、打个哈欠，就像刚从午睡中醒来一样。

Le voyage était difficile, avec le traîneau postal qui traînait derrière eux.

这次旅行非常艰难，因为后面拖着邮件雪橇。

Les lourdes charges et le travail pénible épuisaient les chiens à chaque longue journée.

每天漫长的时光里，沉重的负担和艰苦的工作让狗精疲力竭。

Ils arrivèrent à Dawson maigres, fatigués et ayant besoin de plus d'une semaine de repos.

他们到达道森时已经又瘦又累，需要休息一个多星期

Mais seulement deux jours plus tard, ils repartaient sur le Yukon.

但仅仅两天后，他们就再次踏上了育空河之旅。

Ils étaient chargés de lettres supplémentaires destinées au monde extérieur.

船上装载着更多发往外界的信件。

Les chiens étaient épuisés et les hommes se plaignaient constamment.

狗已经筋疲力尽，而男人们也不断抱怨。

La neige tombait tous les jours, ramollissant le sentier et ralentissant les traîneaux.

每天都会下雪，导致雪道变软，雪橇的速度变慢。

Cela a rendu la traction plus difficile et a entraîné plus de traînée sur les patins.

这使得拉动变得更加困难，并且对跑步者的阻力也更大。

Malgré cela, les pilotes étaient justes et se souciaient de leurs équipes.

尽管如此，车手们还是很公平并且关心他们的车队。

Chaque nuit, les chiens étaient nourris avant que les hommes ne puissent manger.

每天晚上，狗都会在男人们吃饭之前先吃饱。

Aucun homme ne dormait avant de vérifier les pattes de son propre chien.

没有人会在睡觉前检查自己狗的脚。

Cependant, les chiens s'affaiblissaient à mesure que les kilomètres s'écoulaient sur leur corps.

然而，随着长途跋涉，狗的身体变得越来越虚弱。

Ils avaient parcouru mille huit cents kilomètres pendant l'hiver.

整个冬天他们已经旅行了一千八百英里。

Ils ont tiré des traîneaux sur chaque kilomètre de cette distance brutale.

他们拉着雪橇走过那段残酷的距离的每一英里。

Même les chiens de traîneau les plus robustes ressentent de la tension après tant de kilomètres.

即使是最强壮的雪橇犬，在跑了这么长的距离之后也会感到疲惫。

Buck a tenu bon, a permis à son équipe de travailler et a maintenu la discipline.

巴克坚持了下来，让团队继续工作，并保持纪律。

Mais Buck était fatigué, tout comme les autres pendant le long voyage.

但是巴克很累，就像其他长途旅行的人一样。

Billee gémissait et pleurait dans son sommeil chaque nuit sans faute.

比利每晚都会在睡梦中呜咽哭泣。

Joe devint encore plus amer et Solleks resta froid et distant.

乔变得更加痛苦，而索莱克斯则变得冷漠而疏远。

Mais c'est Dave qui a le plus souffert de toute l'équipe.

但在整个团队中，戴夫的受害最为严重。

Quelque chose n'allait pas en lui, même si personne ne savait quoi.

他内心出了问题，但没人知道是什么。

Il est devenu de plus en plus maussade et s'en est pris aux autres avec une colère croissante.

他变得越来越喜怒无常，并且越来越愤怒地对别人厉声斥责。

Chaque nuit, il se rendait directement à son nid, attendant d'être nourri.

每天晚上，他都会直接回到自己的巢穴，等待喂食。

Une fois tombé, Dave ne s'est pas relevé avant le matin.

倒下之后，戴夫直到早上才再次起床。

Sur les rênes, des secousses ou des sursauts brusques le faisaient crier de douleur.

缰绳突然猛地一拉或一震，就会让他痛得大叫。

Son chauffeur a recherché la cause du sinistre, mais n'a constaté aucune blessure.

他的司机寻找事故原因，但未发现他受伤。

Tous les conducteurs ont commencé à regarder Dave et ont discuté de son cas.

所有司机都开始关注戴夫并讨论他的情况。

Ils ont discuté pendant les repas et pendant leur dernière cigarette de la journée.

他们在吃饭时和一天中最后抽烟时聊天。

Une nuit, ils ont tenu une réunion et ont amené Dave au feu.

一天晚上，他们开了个会，并把戴夫带到了火堆旁。

Ils pressèrent et sondèrent son corps, et il cria souvent.

他们按压、检查他的身体，他经常哭喊。

De toute évidence, quelque chose n'allait pas, même si aucun os ne semblait cassé.

显然，有些地方出了问题，尽管骨头似乎没有断裂。

Au moment où ils atteignirent Cassiar Bar, Dave était en train de tomber.

当他们到达卡西亚酒吧时，戴夫已经倒下了。

Le métis écossais a appelé à la fin et a retiré Dave de l'équipe.

这位苏格兰混血儿叫停了比赛，并将戴夫从球队中除名。

Il a attaché Solleks à la place de Dave, le plus près de l'avant du traîneau.

他把索莱克斯固定在戴夫的位置上，靠近雪橇的前部

Il avait l'intention de laisser Dave se reposer et courir librement derrière le traîneau en mouvement.

他想让戴夫休息并在移动的雪橇后面自由奔跑。

Mais même malade, Dave détestait être privé du travail qu'il avait occupé.

但即使生病了，戴夫仍然讨厌被剥夺他原来的工作。

Il grogna et gémit tandis que les rênes étaient retirées de son corps.

当缰绳从他的身体上被拔出时，他发出咆哮和呜咽声

Quand il vit Solleks à sa place, il pleura de douleur.

当他看到索莱克斯站在自己的位置上时，他伤心欲绝，哭了起来。

La fierté du travail sur les sentiers était profonde chez Dave, même à l'approche de la mort.

即使死亡临近，戴夫心中仍然怀有从事越野跑工作的深深自豪感。

Alors que le traîneau se déplaçait, Dave pataugeait dans la neige molle près du sentier.

随着雪橇的移动，戴夫在小路附近的松软雪地上挣扎

Il a attaqué Solleks, le mordant et le poussant du côté du traîneau.

他攻击了索莱克斯，咬了他并将他从雪橇侧面推开。

Dave a essayé de sauter dans le harnais et de récupérer sa place de travail.

戴夫试图跳进安全带并重新夺回他的工作位置。

Il hurlait, gémissait et pleurait, déchiré entre la douleur et la fierté du travail.

他尖叫、呜咽、哭泣，在分娩的痛苦和自豪之间挣扎。

Le métis a utilisé son fouet pour essayer de chasser Dave de l'équipe.

这个混血儿用鞭子试图把戴夫赶出队伍。

Mais Dave ignora le coup de fouet, et l'homme ne put pas le frapper plus fort.

但戴夫无视了鞭子，那人无法更用力地打他。

Dave a refusé le chemin le plus facile derrière le traîneau, où la neige était tassée.

戴夫拒绝选择雪橇后面更容易走的路，因为那里积满了雪。

Au lieu de cela, il se débattait dans la neige profonde à côté du sentier, dans la misère.

相反，他在小路旁的深雪中痛苦地挣扎。

Finalement, Dave s'est effondré, allongé dans la neige et hurlant de douleur.

最终，戴夫倒下了，躺在雪地里痛苦地嚎叫。

Il cria tandis que le long train de traîneaux le dépassait un par un.

当长长的雪橇队伍一辆接一辆地从他身边驶过时，他大声喊道。

Pourtant, avec ce qu'il lui restait de force, il se leva et trébucha après eux.

尽管如此，他还是凭借着仅存的力气站了起来，跌跌撞撞地跟在他们后面。

Il l'a rattrapé lorsque le train s'est arrêté à nouveau et a retrouvé son vieux traîneau.

当火车再次停下来时，他追了上来，找到了他的旧雪橇。

Il a dépassé les autres équipes et s'est retrouvé à nouveau aux côtés de Solleks.

他奋力超越其他队伍，再次站在索莱克斯身边。

Alors que le conducteur s'arrêtait pour allumer sa pipe, Dave saisit sa dernière chance.

当司机停下来点燃烟斗时，戴夫抓住了最后的机会。

Lorsque le chauffeur est revenu et a crié, l'équipe n'a pas avancé.

当司机返回并大喊时，车队没有继续前进。

Les chiens avaient tourné la tête, déconcertés par l'arrêt soudain.

狗儿们因为突然的停顿而感到困惑，纷纷转过头。

Le conducteur était également choqué : le traîneau n'avait pas avancé d'un pouce.

驾驶员也大吃一惊——

雪橇根本就没向前移动一英寸。

Il a appelé les autres pour qu'ils viennent voir ce qui s'était passé.

他大声呼喊其他人过来看看发生了什么事。

Dave avait mâché les rênes de Solleks, les brisant toutes les deux.

戴夫咬断了索莱克斯的缰绳，把两者都咬断了。

Il se tenait maintenant devant le traîneau, de retour à sa position légitime.

现在他站在雪橇前面，回到了他正确的位置。

Dave leva les yeux vers le conducteur, le suppliant silencieusement de rester dans les traces.

戴夫抬头看着司机，默默地恳求他留在车道上。

Le conducteur était perplexe, ne sachant pas quoi faire pour le chien en difficulté.

司机感到困惑，不知道该如何帮助这只挣扎的狗。

Les autres hommes parlaient de chiens qui étaient morts après avoir été emmenés dehors.

其他人谈到了因被带出去而死亡的狗。

Ils ont parlé de chiens âgés ou blessés dont le cœur se brisait lorsqu'ils étaient abandonnés.

他们讲述了那些年老或受伤的狗被遗弃时心碎的故事

Ils ont convenu que c'était une preuve de miséricorde de laisser Dave mourir alors qu'il était encore dans son harnais.

他们一致认为，让戴夫在安全带里死去是仁慈的。

Il était attaché au traîneau et Dave tirait avec fierté.

他被重新绑在雪橇上，戴夫自豪地拉着雪橇。

Même s'il criait parfois, il travaillait comme si la douleur pouvait être ignorée.

尽管他有时会大叫，但他仍然努力工作，仿佛可以忽略痛苦。

Plus d'une fois, il est tombé et a été traîné avant de se relever.

他不止一次跌倒，被人拖着才再次站起来。

Un jour, le traîneau l'a écrasé et il a boité à partir de ce moment-là.

有一次，雪橇从他身上滚了过去，从那一刻起他就一瘸一拐地走路了。

Il travailla néanmoins jusqu'à ce qu'il atteigne le camp, puis s'allongea près du feu.

尽管如此，他还是坚持工作直到到达营地，然后躺在火堆旁。

Le matin, Dave était trop faible pour voyager ou même se tenir debout.

到了早上，戴夫已经虚弱得无法行走，甚至无法站立

Au moment de l'attelage, il essaya d'atteindre son conducteur avec un effort tremblant.

在系好马具时，他颤抖着努力试图靠近他的车夫。

Il se força à se relever, tituba et s'effondra sur le sol enneigé.

他强迫自己站起来，却踉跄了一下，倒在了雪地上。

À l'aide de ses pattes avant, il a traîné son corps vers la zone de harnais.

他用前腿将身体拖向挽具区域。

Il s'avança, pouce par pouce, vers les chiens de travail.

他一点一点地向前移动，向工作犬靠近。

Ses forces l'abandonnèrent, mais il continua d'avancer dans sa dernière poussée désespérée.

他已经筋疲力尽，但他仍在拼尽最后一丝力气，继续前行。

Ses coéquipiers l'ont vu haleter dans la neige, impatients de les rejoindre.

队友们看到他在雪地里喘着粗气，仍然渴望加入他们

Ils l'entendirent hurler de tristesse alors qu'ils quittaient le camp.

当他们离开营地时，听到了他悲伤的嚎叫。

Alors que l'équipe disparaissait dans les arbres, le cri de Dave résonna derrière eux.

当队伍消失在树林中时，戴夫的叫喊声在他们身后回荡。

Le train de traîneaux s'est brièvement arrêté après avoir traversé un tronçon de forêt fluviale.

雪橇火车穿过一片河边树林后短暂地停了下来。

Le métis écossais retourna lentement vers le camp situé derrière lui.

苏格兰混血儿慢慢地向后面的营地走去。

Les hommes ont arrêté de parler quand ils l'ont vu quitter le train de traîneaux.

当人们看到他离开雪橇列车时，他们停止了说话。

Puis un coup de feu retentit clairement et distinctement de l'autre côté du sentier.

然后，小路上响起了一声清晰而尖锐的枪声。

L'homme revint rapidement et reprit sa place sans un mot.

那人很快就回来了，一言不发地回到了自己的位置。

Les fouets claquaient, les cloches tintaient et les traîneaux roulaient dans la neige.

鞭子啪啪作响，铃铛叮当作响，雪橇在雪地里滚动。

Mais Buck savait ce qui s'était passé, et tous les autres chiens aussi.

但巴克知道发生了什么事——其他狗也知道。

Le travail des rênes et du sentier
缰绳与踪迹的辛劳

Trente jours après avoir quitté Dawson, le Salt Water Mail atteignit Skaguay.

离开道森三十天后，咸水邮船抵达斯卡圭。

Buck et ses coéquipiers ont pris la tête, arrivant dans un état pitoyable.

巴克和他的队友们领先，但到达时他们的状态却很糟糕。

Buck était passé de cent quarante à cent quinze livres.

巴克的体重从一百四十磅减到了一百一十五磅。

Les autres chiens, bien que plus petits, avaient perdu encore plus de poids.

其他狗虽然体型较小，但体重减轻得更多。

Pike, autrefois un faux boiteux, traînait désormais derrière lui une jambe véritablement blessée.

派克曾经假装跛脚，现在却拖着一条真正受伤的腿。

Solleks boitait beaucoup et Dub avait une omoplate déchirée.

索莱克斯（Solleks）严重跛行，而杜布（Dub）的肩胛骨则扭伤了。

Tous les chiens de l'équipe avaient mal aux pieds après des semaines passées sur le sentier gelé.

由于在冰冻的小路上跋涉了数周，队伍中的每只狗都脚痛不已。

Ils n'avaient plus aucun ressort dans leurs pas, seulement un mouvement lent et traînant.

他们的步伐不再轻快，只有缓慢、拖沓的动作。

Leurs pieds heurtent durement le sentier, chaque pas ajoutant plus de tension à leur corps.

他们的双脚用力踩在小路上，每一步都给他们的身体带来更大的压力。

Ils n'étaient pas malades, seulement épuisés au-delà de toute guérison naturelle.

他们并没有生病，只是体力消耗太大，无法自然恢复

Ce n'était pas la fatigue d'une dure journée, guérie par une nuit de repos.

这不是一天辛苦劳累之后，经过一夜休息就能治愈的疲劳。

C'était un épuisement qui s'était construit lentement au fil de mois d'efforts épuisants.

这是经过数月艰苦努力慢慢积累起来的疲惫。

Il ne leur restait plus aucune force de réserve : ils avaient épuisé toutes leurs forces.

没有任何后备力量，他们已经用尽了所有的力量。

Chaque muscle, chaque fibre et chaque cellule de leur corps étaient épuisés et usés.

他们身上的每一块肌肉、每一根纤维、每一个细胞都已磨损殆尽。

Et il y avait une raison : ils avaient parcouru deux mille cinq cents kilomètres.

这是有原因的——他们已经走了两千五百英里。

Ils ne s'étaient reposés que cinq jours au cours des mille huit cents derniers kilomètres.

在最后的一千八百英里中，他们只休息了五天。

Lorsqu'ils arrivèrent à Skaguay, ils semblaient à peine capables de se tenir debout.

当他们到达斯卡圭时，他们看起来几乎无法直立。

Ils ont lutté pour garder les rênes serrées et rester devant le traîneau.

他们努力拉紧缰绳，保持领先于雪橇。

Dans les descentes, ils ont tout juste réussi à éviter d'être écrasés.

在下坡时，他们仅仅设法避免被碾压。

« Continuez, pauvres pieds endoloris », dit le chauffeur tandis qu'ils boitaient.

"继续前进吧，可怜的脚，好痛啊，" 司机一边说着，一边一瘸一拐地往前走。

« C'est la dernière ligne droite, après quoi nous aurons tous droit à un long repos, c'est sûr. »

"这是最后一段路程，然后我们肯定都会得到一次长时间的休息。"

« Un très long repos », promit-il en les regardant avancer en titubant.

"一次真正长久的休息，"他承诺道，看着他们蹒跚地向前走。

Les pilotes s'attendaient à bénéficier d'une longue pause bien méritée.

司机们希望他们现在可以得到一次长时间的、必要的休息。

Ils avaient parcouru douze cents milles avec seulement deux jours de repos.

他们已经走了一千二百英里，只休息了两天。

Par souci d'équité et de raison, ils estimaient avoir mérité un temps de détente.

公平而理性地，他们觉得自己应该有时间放松一下。

Mais trop de gens étaient venus au Klondike et trop peu étaient restés chez eux.

但是来到克朗代克的人太多了，而留在家里的人太少了。

Les lettres des familles ont afflué, créant des piles de courrier en retard.

来自家人的信件大量涌入，导致大量邮件被延误。

Les ordres officiels sont arrivés : de nouveaux chiens de la Baie d'Hudson allaient prendre le relais.

官方命令已下达——新的哈德逊湾犬将接管。

Les chiens épuisés, désormais considérés comme sans valeur, devaient être éliminés.

这些筋疲力尽的狗现在被认为毫无价值，将被处理掉

Comme l'argent comptait plus que les chiens, ils allaient être vendus à bas prix.

因为钱比狗更重要，所以它们将被廉价出售。

Trois jours supplémentaires passèrent avant que les chiens ne ressentent à quel point ils étaient faibles.

又过了三天，狗才感觉到自己有多么虚弱。

Le quatrième matin, deux hommes venus des États-Unis ont acheté toute l'équipe.

第四天早上，两个来自美国的男人买下了整支球队。

La vente comprenait tous les chiens, ainsi que leur harnais usagé.

此次出售的商品包括所有狗以及它们磨损的挽具。

Les hommes s'appelaient mutuellement « Hal » et « Charles » lorsqu'ils concluaient l'affaire.

交易完成后，两人互称"哈尔"和"查尔斯"。

Charles était d'âge moyen, pâle, avec des lèvres molles et des pointes de moustache féroces.

查尔斯是一位中年人，面色苍白，嘴唇松弛，胡子尖儿浓密。

Hal était un jeune homme, peut-être âgé de dix-neuf ans, portant une ceinture bourrée de cartouches.

哈尔是个年轻人，大概十九岁，腰间系着一条装满子弹的腰带。

La ceinture contenait un gros revolver et un couteau de chasse, tous deux inutilisés.

腰带上挂着一把大左轮手枪和一把猎刀，均未使用过

Cela a montré à quel point il était inexpérimenté et inapte à la vie dans le Nord.

这表明他缺乏经验，不适合北方的生活。

Aucun des deux hommes n'appartenait à la nature sauvage ; leur présence défiait toute raison.

这两个人都不属于荒野；他们的存在违背了一切理性

Buck a regardé l'argent échanger des mains entre l'acheteur et l'agent.

巴克看着买家和代理人之间金钱交易。

Il savait que les conducteurs du train postal allaient le quitter comme les autres.

他知道，邮政火车司机也像其他人一样，要离开他的生活了。

Ils suivirent Perrault et François, désormais irrévocables.

他们追随了佩罗和弗朗索瓦的脚步，而后者如今已不在人世。

Buck et l'équipe ont été conduits dans le camp négligé de leurs nouveaux propriétaires.

巴克和球队被带到了新主人的简陋营地。

La tente s'affaissait, la vaisselle était sale et tout était en désordre.

帐篷塌陷，盘子脏兮兮的，一切都乱七八糟。

Buck remarqua également une femme : Mercedes, la femme de Charles et la sœur de Hal.

巴克也注意到那里有一个女人——
梅赛德斯，查尔斯的妻子，哈尔的妹妹。

Ils formaient une famille complète, bien que loin d'être adaptée au sentier.

尽管他们远不适合这条路线，但他们组成了一个完整的家庭。

Buck regarda nerveusement le trio commencer à emballer les fournitures.

巴克紧张地看着三人开始打包物资。

Ils ont travaillé dur mais sans ordre, juste du grabuge et des efforts gaspillés.

他们努力工作，但没有秩序——
只是忙乱和浪费精力。

La tente a été roulée dans une forme volumineuse, beaucoup trop grande pour le traîneau.

帐篷被卷成一个笨重的形状，对于雪橇来说太大了。

La vaisselle sale a été emballée sans avoir été nettoyée ni séchée du tout.

脏盘子根本没有清洗或擦干就被打包了。

Mercedes voltigeait, parlant constamment, corrigeant et intervenant.

梅赛德斯四处飞舞，不断地说话、纠正和干涉。

Lorsqu'un sac était placé à l'avant, elle insistait pour qu'il soit placé à l'arrière.

当一个袋子放在前面时，她坚持把它放在后面。

Elle a mis le sac au fond, et l'instant d'après, elle en avait besoin.

她把麻袋塞在底部，下一刻她就需要它了。

Le traîneau a donc été déballé à nouveau pour atteindre le sac spécifique.

因此，雪橇再次被打开，以到达一个特定的袋子。

À proximité, trois hommes se tenaient devant une tente, observant la scène se dérouler.

附近，三名男子站在帐篷外，注视着这一幕的发生。

Ils souriaient, faisaient des clins d'œil et souriaient à la confusion évidente des nouveaux arrivants.

他们微笑着，眨眨眼，对新来者明显困惑的表情咧嘴一笑。

« Vous avez déjà une charge très lourde », dit l'un des hommes.

"你已经扛了很重的担子了，"其中一名男子说道。

« Je ne pense pas que tu devrais porter cette tente, mais c'est ton choix. »

我认为你不应该扛着那顶帐篷，但这是你的选择。

« Inimaginable ! » s'écria Mercedes en levant les mains de désespoir.

"做梦也想不到！"梅赛德斯绝望地举起双手，大叫道。

« Comment pourrais-je voyager sans une tente sous laquelle dormir ? »

"没有帐篷我怎么能去旅行呢？"

« C'est le printemps, vous ne verrez plus jamais de froid », répondit l'homme.

"现在是春天——
你不会再看到寒冷的天气了，"那人回答道。

Mais elle secoua la tête et ils continuèrent à empiler des objets sur le traîneau.

但她摇了摇头，他们继续把物品堆到雪橇上。

La charge s'élevait dangereusement alors qu'ils ajoutaient les dernières choses.

当他们添加最后的东西时，负载已经高得危险了。

« Tu penses que le traîneau va rouler ? » demanda l'un des hommes avec un regard sceptique.

"你觉得雪橇能滑行吗？" 其中一个男人怀疑地问道。

« Pourquoi pas ? » rétorqua Charles, vivement agacé.

"为什么不能呢？" 查尔斯恼怒地反驳道。

« Oh, ce n'est pas grave », dit rapidement l'homme, s'éloignant de l'offense.

"哦，没关系，" 那人赶紧说道，不再冒犯。

Je me demandais juste – ça me semblait un peu trop lourd.

"我只是好奇——
它看起来对我来说有点头重脚轻。"

Charles se détourna et attacha la charge du mieux qu'il put.

查尔斯转过身，尽力把货物绑好。

Mais les attaches étaient lâches et l'emballage mal fait dans l'ensemble.

但捆扎松散，整体包装质量较差。

« Bien sûr, les chiens tireront ça toute la journée », a dit un autre homme avec sarcasme.

"当然，狗会整天拉这个，" 另一个男人讽刺地说。

« Bien sûr », répondit froidement Hal en saisissant le long mât du traîneau.

"当然，" 哈尔冷冷地回答道，抓住了雪橇的长地杆

D'une main sur le poteau, il faisait tournoyer le fouet dans l'autre.

他一手扶着杆子，一手挥动着鞭子。

« Allons-y ! » cria-t-il. « Allez ! » exhortant les chiens à démarrer.

"出发！"他喊道。"动起来！"他催促着狗们开始行动。

Les chiens se sont penchés sur le harnais et ont tendu pendant quelques instants.

狗靠在挽具上，用力了一会儿。

Puis ils s'arrêtèrent, incapables de déplacer d'un pouce le traîneau surchargé.

然后他们停了下来，超载的雪橇一动也不能动。

« Ces brutes paresseuses ! » hurla Hal en levant le fouet pour les frapper.

"这些懒惰的畜生！"哈尔喊道，举起鞭子抽打他们。

Mais Mercedes s'est précipitée et a saisi le fouet des mains de Hal.

但梅赛德斯冲了进来，从哈尔手中夺走了鞭子。

« Oh, Hal, n'ose pas leur faire de mal », s'écria-t-elle, alarmée.

"哦，哈尔，你敢伤害他们，"她惊慌地喊道。

« Promets-moi que tu seras gentil avec eux, sinon je n'irai pas plus loin. »

"答应我，你会善待他们，否则我就不再前进一步。"

« Tu ne connais rien aux chiens », lança Hal à sa sœur.

"你对狗一无所知，"哈尔厉声对妹妹说。

« Ils sont paresseux, et la seule façon de les déplacer est de les fouetter. »

"他们很懒，唯一能让他们动起来的方法就是鞭打他们。"

« Demandez à n'importe qui, demandez à l'un de ces hommes là-bas si vous doutez de moi. »

"如果你怀疑我，就问任何人——
问那边的那些人中的一个。"

Mercedes regarda les spectateurs avec des yeux suppliants et pleins de larmes.

梅赛德斯用恳求和泪眼看着旁观者。

Son visage montrait à quel point elle détestait la vue de la douleur.

她的脸上流露出她对看到任何痛苦的极度厌恶。

« Ils sont faibles, c'est tout », dit un homme. « Ils sont épuisés. »

"他们只是虚弱而已，"一名男子说道，"他们已经筋疲力尽了。"

« Ils ont besoin de repos, ils ont travaillé trop longtemps sans pause. »

"他们需要休息——
他们已经工作太久了，没有休息过。"

« Que le repos soit maudit », murmura Hal, la lèvre retroussée.

"剩下的就见鬼去吧，"哈尔撇着嘴嘟囔道。

Mercedes haleta, clairement peinée par ce mot grossier de sa part.

梅赛德斯倒吸了一口气，显然被他粗鲁的言辞弄得很痛苦。

Pourtant, elle est restée loyale et a immédiatement défendu son frère.

尽管如此，她仍然保持忠诚并立即保护了她的兄弟。

« Ne fais pas attention à cet homme », dit-elle à Hal. « Ce sont nos chiens. »

"别介意那个男人，"她对哈尔说。"它们是我们的狗。"

« Vous les conduisez comme bon vous semble, faites ce que vous pensez être juste. »

"你按照自己认为合适的方式驾驶它们——
做你认为正确的事。"

Hal leva le fouet et frappa à nouveau les chiens sans pitié.

哈尔举起鞭子，再次毫不留情地抽打狗。

Ils se sont précipités en avant, le corps bas, les pieds poussant dans la neige.

他们猛地向前冲去，身体放低，双脚深深地插入雪中。

Toutes leurs forces étaient utilisées pour tirer, mais le traîneau ne bougeait pas.

他们用尽全身的力气去拉，但雪橇却纹丝不动。

Le traîneau est resté coincé, comme une ancre figée dans la neige tassée.

雪橇卡住了，就像一个锚被冻在了厚厚的雪里。

Après un deuxième effort, les chiens s'arrêtèrent à nouveau, haletants.

经过第二次尝试，狗再次停了下来，气喘吁吁。

Hal leva à nouveau le fouet, juste au moment où Mercedes intervenait à nouveau.

就在梅赛德斯再次出手阻拦时，哈尔再次举起了鞭子。

Elle tomba à genoux devant Buck et lui serra le cou.

她跪在巴克面前并抱住他的脖子·

Les larmes lui montèrent aux yeux tandis qu'elle suppliait le chien épuisé.

当她恳求这只筋疲力尽的狗时，她的眼里充满了泪水。

« Pauvres chéris », dit-elle, « pourquoi ne tirez-vous pas plus fort ? »

"你这可怜的孩子，"她说，"为什么不再用力拉一点呢？"

« Si tu tires, tu ne seras pas fouetté comme ça. »

"如果你拉的话，就不会被这样鞭打了。"

Buck n'aimait pas Mercedes, mais il était trop fatigué pour lui résister maintenant.

巴克不喜欢梅赛德斯，但是他现在太累了，无法抗拒她。

Il accepta ses larmes comme une simple partie de cette journée misérable.

他把她的眼泪当做这悲惨的一天的一部分。

L'un des hommes qui regardaient a finalement parlé après
avoir retenu sa colère.

一名围观的男子终于强忍住怒火，开口说道。

Je me fiche de ce qui vous arrive, mais ces chiens comptent.

　"我不关心你们发生了什么，但那些狗很重要。"

« Si vous voulez aider, détachez ce traîneau, il est gelé dans
la neige. »

　"如果你想帮忙，就把雪橇松开——
它已经冻在雪上了。"

« Appuyez fort sur la perche, à droite et à gauche, et brisez le
sceau de glace. »

　"用力推航向杆，左右推动，打破冰封。"

Une troisième tentative a été faite, cette fois-ci suite à la
suggestion de l'homme.

第三次尝试之后，这次听从了该男子的建议。

Hal a balancé le traîneau d'un côté à l'autre, libérant les
patins.

哈尔左右摇晃着雪橇，把滑板摇松了。

Le traîneau, bien que surchargé et maladroit, a finalement
fait un bond en avant.

雪橇虽然超载且笨重，但最终还是向前蹒跚而行。

Buck et les autres tiraient sauvagement, poussés par une
tempête de coups de fouet.

巴克和其他人疯狂地拉着船，被一阵鞭子抽打着。

Une centaine de mètres plus loin, le sentier courbait et
descendait en pente dans la rue.

前方一百码处，小路弯曲并倾斜进入街道。

Il aurait fallu un conducteur expérimenté pour maintenir le
traîneau droit.

需要一位熟练的驾驶员才能保持雪橇直立。

Hal n'était pas habile et le traîneau a basculé en tournant
dans le virage.

哈尔的技术并不熟练，雪橇在转弯时倾斜了。

Les sangles lâches ont cédé et la moitié de la charge s'est
répandue sur la neige.

松散的捆扎带断裂，一半的货物散落在雪地上。

Les chiens ne s'arrêtèrent pas ; le traîneau le plus léger volait sur le côté.

狗没有停下来；较轻的雪橇侧身飞驰而去。

En colère à cause des mauvais traitements et du lourd fardeau, les chiens couraient plus vite.

由于受到虐待和负担过重，狗变得愤怒，跑得更快了

Buck, furieux, s'est mis à courir, suivi par l'équipe.

巴克勃然大怒，拔腿就跑，队伍紧随其后。

Hal a crié « Whoa ! Whoa ! » mais l'équipe ne lui a pas prêté attention.

哈尔大喊"哇！哇！"但队员们没有理会他。

Il a trébuché, est tombé et a été traîné au sol par le harnais.

他绊倒了，摔倒了，被安全带拖着在地上行走。

Le traîneau renversé l'a heurté tandis que les chiens couraient devant.

当狗在前面奔跑时，翻倒的雪橇撞到了他。

Le reste des fournitures est dispersé dans la rue animée de Skaguay.

其余物资散落在斯卡圭繁忙的街道上。

Des personnes au grand cœur se sont précipitées pour arrêter les chiens et rassembler le matériel.

好心人赶紧上前阻止，并收拾好装备。

Ils ont également donné des conseils, directs et pratiques, aux nouveaux voyageurs.

他们还向新旅行者提供了直率而实用的建议。

« Si vous voulez atteindre Dawson, prenez la moitié du chargement et doublez les chiens. »

如果你想到达道森，就带一半的货物，双倍的狗。

Hal, Charles et Mercedes écoutaient, mais sans enthousiasme.

哈尔、查尔斯和梅赛德斯听着，但并不热情。

Ils ont installé leur tente et ont commencé à trier leurs provisions.

他们搭起帐篷并开始整理物资。

Des conserves sont sorties, ce qui a fait rire les spectateurs.

罐头食品端了出来，引得围观的人哈哈大笑。

« Des conserves sur le sentier ? Tu vas mourir de faim avant qu'elles ne fondent », a dit l'un d'eux.

"路上有罐头食品？等它们融化了你就会饿死的。"一个人说道。

« Des couvertures d'hôtel ? Tu ferais mieux de toutes les jeter. »

"酒店的毯子？你最好把它们都扔掉。"

« Laissez tomber la tente aussi, et personne ne fait la vaisselle ici. »

"把帐篷也扔掉，这里就没人洗碗了。"

« Tu crois que tu voyages dans un train Pullman avec des domestiques à bord ? »

"你以为你乘坐的是一辆有仆人的普尔曼火车吗？"

Le processus a commencé : chaque objet inutile a été jeté de côté.

流程开始了——所有无用的物品都被扔到一边。

Mercedes a pleuré lorsque ses sacs ont été vidés sur le sol enneigé.

当她的行李被倒在雪地上时，梅赛德斯哭了。

Elle sanglotait sur chaque objet jeté, un par un, sans pause.

她对着被扔掉的每件物品不停地抽泣。

Elle jura de ne plus faire un pas de plus, même pas pendant dix Charles.

她发誓不再向前迈进一步——哪怕是十个查尔斯。

Elle a supplié chaque personne à proximité de la laisser garder ses objets précieux.

她恳求附近的每个人让她保留她的珍贵物品。

Finalement, elle s'essuya les yeux et commença à jeter même les vêtements essentiels.

最后，她擦干了眼睛，开始扔掉哪怕是至关重要的衣服。

Une fois les siennes terminées, elle commença à vider les provisions des hommes.

当她处理完自己的物品后，她开始清空男人们的物品

Comme un tourbillon, elle a déchiré les affaires de Charles et Hal.

她像旋风一样，把查尔斯和哈尔的物品都洗劫一空。

Même si la charge était réduite de moitié, elle était encore bien plus lourde que nécessaire.

尽管负载减少了一半，但仍然远远超过了需要的重量

Cette nuit-là, Charles et Hal sont sortis et ont acheté six nouveaux chiens.

那天晚上，查尔斯和哈尔出去买了六只新狗。

Ces nouveaux chiens ont rejoint les six originaux, plus Teek et Koona.

这些新狗加入了原来的六只狗，还有 Teek 和 Koona。

Ensemble, ils formaient une équipe de quatorze chiens attelés au traîneau.

他们一起组成了一支由十四只狗组成的队伍，这些狗都被拴在雪橇上。

Mais les nouveaux chiens n'étaient pas aptes et mal entraînés au travail en traîneau.

但新来的狗不适合拉雪橇，训练也很差。

Trois des chiens étaient des pointeurs à poil court et un était un Terre-Neuve.

其中三只狗是短毛指示犬，一只是纽芬兰犬。

Les deux derniers chiens étaient des bâtards sans race ni objectif clairement définis.

最后两只狗是杂种狗，没有明确的品种或用途。

Ils n'ont pas compris le sentier et ne l'ont pas appris rapidement.

他们不了解这条路线，而且他们没有很快学会它。

Buck et ses compagnons les regardaient avec mépris et une profonde irritation.

巴克和他的伙伴们带着轻蔑和深深的恼怒看着他们。

Bien que Buck leur ait appris ce qu'il ne fallait pas faire, il ne pouvait pas leur enseigner le devoir.

尽管巴克教会了他们什么不该做，但他却无法教会他们责任。

Ils n'ont pas bien supporté la vie sur les sentiers ni la traction des rênes et des traîneaux.

它们不适应跟踪生活，也不适应缰绳和雪橇的拉动。

Seuls les bâtards essayaient de s'adapter, et même eux manquaient d'esprit combatif.

只有杂种狗试图适应，但即使如此，它们也缺乏战斗精神。

Les autres chiens étaient confus, affaiblis et brisés par leur nouvelle vie.

其他狗对新生活感到困惑、虚弱和崩溃。

Les nouveaux chiens étant désemparés et les anciens épuisés, l'espoir était mince.

由于新来的狗毫无头绪，而老狗又筋疲力尽，希望渺茫。

L'équipe de Buck avait parcouru deux mille cinq cents kilomètres de sentiers difficiles.

巴克的队伍已经走过了二千五百英里的艰难道路。

Pourtant, les deux hommes étaient joyeux et fiers de leur grande équipe de chiens.

尽管如此，这两个人还是很高兴，并为他们的大型狗队感到自豪。

Ils pensaient voyager avec style, avec quatorze chiens attelés.

他们以为带着十四只狗的旅行很时尚。

Ils avaient vu des traîneaux partir pour Dawson, et d'autres en arriver.

他们看到雪橇出发前往道森，其他雪橇也从那里抵达

Mais ils n'en avaient jamais vu un tiré par quatorze chiens.

但他们从未见过由十四只狗拉着的火车。

Il y avait une raison pour laquelle de telles équipes étaient rares dans la nature sauvage de l'Arctique.

这样的队伍在北极荒野中很少见，这是有原因的。

Aucun traîneau ne pouvait transporter suffisamment de nourriture pour nourrir quatorze chiens pendant le voyage.

没有一辆雪橇能够装载足够的食物来喂养十四只狗。

Mais Charles et Hal ne le savaient pas : ils avaient fait le calcul.

但查尔斯和哈尔不知道这一点——他们已经算过了。

Ils ont planifié la nourriture : tant par chien, tant de jours, et c'est fait.

他们用铅笔写下食物量：每只狗需要多少，需要多少天，就吃完。

Mercedes regarda leurs chiffres et hocha la tête comme si cela avait du sens.

梅赛德斯看着他们的身影，点了点头，仿佛觉得很有道理。

Tout cela lui semblait très simple, du moins sur le papier.

对她来说，一切都显得非常简单，至少在纸面上是如此。

Le lendemain matin, Buck conduisit lentement l'équipe dans la rue enneigée.

第二天早上，巴克带领队伍沿着积雪的街道缓缓前行

Il n'y avait aucune énergie ni aucun esprit en lui ou chez les chiens derrière lui.

他和他身后的狗都失去了活力和精神。

Ils étaient épuisés dès le départ, il n'y avait plus de réserve.

他们从一开始就非常疲惫——没有任何后劲。

Buck avait déjà effectué quatre voyages entre Salt Water et Dawson.

巴克已在 Salt Water 和 Dawson 之间往返了四次。

Maintenant, confronté à nouveau à la même épreuve, il ne ressentait que de l'amertume.

如今，再次面临同样的考验，他只感到苦涩。

Son cœur n'y était pas, ni celui des autres chiens.

他心不在焉，其他狗也一样。

Les nouveaux chiens étaient timides et les huskies manquaient totalement de confiance.

新来的狗很胆小，哈士奇也缺乏信任。

Buck sentait qu'il ne pouvait pas compter sur ces deux hommes ou sur leur sœur.

巴克感觉到他不能依赖这两个人或他们的妹妹。

Ils ne savaient rien et ne montraient aucun signe d'apprentissage sur le sentier.

他们什么都不知道，而且在路上也没有表现出任何学习的迹象。

Ils étaient désorganisés et manquaient de tout sens de la discipline.

他们组织混乱，缺乏纪律性。

Il leur fallait à chaque fois la moitié de la nuit pour monter un campement bâclé.

每次他们都要花半夜的时间才能搭建一个简陋的营地

Et ils passèrent la moitié de la matinée suivante à tâtonner à nouveau avec le traîneau.

第二天上午他们又花了大半天时间笨手笨脚地推着雪橇。

À midi, ils s'arrêtaient souvent juste pour réparer la charge inégale.

到了中午，他们常常会停下来只是为了修理不均匀的负载。

Certains jours, ils parcouraient moins de dix milles au total.

有些日子，他们总共行走不到十英里。

D'autres jours, ils ne parvenaient pas du tout à quitter le camp.

其他日子里，他们根本没能离开营地。

Ils n'ont jamais réussi à couvrir la distance alimentaire prévue.

他们从来没有接近完成计划的食物距离。

Comme prévu, ils ont très vite manqué de nourriture pour les chiens.

正如他们所料，狗粮很快就吃完了。

Ils ont aggravé la situation en les suralimentant au début.

早期他们喂食过多，导致情况变得更糟。

À chaque ration négligée, la famine se rapprochait.

每一次不注意配给，都使饥饿离我们越来越近。

Les nouveaux chiens n'avaient pas appris à survivre avec très peu.

新来的狗还没有学会如何靠很少的资源生存。

Ils mangeaient avec faim, avec un appétit trop grand pour le sentier.

他们狼吞虎咽地吃着东西，胃口太大，不适合走这条路。

Voyant les chiens s'affaiblir, Hal pensait que la nourriture n'était pas suffisante.

看到狗越来越虚弱，哈尔认为食物不够。

Il a doublé les rations, rendant l'erreur encore pire.

他把口粮增加了一倍，这使错误变得更加严重。

Mercedes a aggravé le problème avec ses larmes et ses douces supplications.

梅赛德斯的眼泪和轻声的恳求让问题变得更加严重。

Comme elle n'arrivait pas à convaincre Hal, elle nourrissait les chiens en secret.

当她无法说服哈尔时，她就偷偷地喂狗。

Elle a volé des sacs de poissons et les leur a donnés dans son dos.

她偷走了鱼袋里的鱼，并背着他给了他们。

Mais ce dont les chiens avaient réellement besoin, ce n'était pas de plus de nourriture, mais de repos.

但狗真正需要的不是更多的食物，而是休息。

Ils progressaient mal, mais le lourd traîneau continuait à avancer.

他们的速度很慢，但沉重的雪橇仍然向前移动。

Ce poids à lui seul épuisait chaque jour leurs forces restantes.

单是这个重量就足以消耗他们每天仅剩的体力。

Puis vint l'étape de la sous-alimentation, les réserves s'épuisant.

随后，由于供给不足，进入了食物不足的阶段。

Un matin, Hal s'est rendu compte que la moitié de la nourriture pour chien avait déjà disparu.

一天早上，哈尔发现一半的狗粮已经吃完了。

Ils n'avaient parcouru qu'un quart de la distance totale du sentier.

他们只走了总路程的四分之一。

On ne pouvait plus acheter de nourriture, quel que soit le prix proposé.

无论出价多少，都买不到更多的食物。

Il a réduit les portions des chiens en dessous de la ration quotidienne standard.

他将狗的食量减少到标准每日定量以下。

Dans le même temps, il a exigé des voyages plus longs pour compenser la perte.

同时，他要求延长旅行时间以弥补损失。

Mercedes et Charles ont soutenu ce plan, mais ont échoué dans son exécution.

梅赛德斯和查尔斯支持这个计划，但在执行上失败了

Leur lourd traîneau et leur manque de compétences rendaient la progression presque impossible.

由于雪橇太重，加上缺乏技巧，他们的前进几乎是不可能的。

Il était facile de donner moins de nourriture, mais impossible de forcer plus d'efforts.

少给食物很容易，但强迫别人多付出却不可能。

Ils ne pouvaient pas commencer plus tôt, ni voyager pendant des heures supplémentaires.

他们不能早点出发，也不能加班。

Ils ne savaient pas comment travailler les chiens, ni eux-mêmes d'ailleurs.

他们不知道该如何训练狗，甚至不知道该如何训练他们自己。

Le premier chien à mourir était Dub, le voleur malchanceux mais travailleur.

第一只死去的狗是杜布，一只不幸但勤奋的小偷。

Bien que souvent puni, Dub avait fait sa part sans se plaindre.

尽管经常受到惩罚，但杜布仍然毫无怨言地尽职尽责

Son épaule blessée s'est aggravée sans qu'il soit nécessaire de prendre soin de lui et de se reposer.

他的肩膀受伤，如果不加以治疗或休息，情况就会变得更糟。

Finalement, Hal a utilisé le revolver pour mettre fin aux souffrances de Dub.

最后，哈尔用左轮手枪结束了杜布的痛苦。

Un dicton courant dit que les chiens normaux meurent à cause des rations de husky.

有句俗话说，普通的狗吃了哈士奇的食物就会死。

Les six nouveaux compagnons de Buck n'avaient que la moitié de la part de nourriture du husky.

巴克的六个新伙伴只得到了哈士奇一半的食物份额。

Le Terre-Neuve est mort en premier, puis les trois braques à poil court.

纽芬兰犬首先死去，然后是三只短毛指针犬。

Les deux bâtards résistèrent plus longtemps mais finirent par périr comme les autres.

两只杂种狗坚持得更久，但最终还是像其他狗一样死去了。

À cette époque, toutes les commodités et la douceur du Southland avaient disparu.

此时，南国的舒适与温柔已荡然无存。

Les trois personnes avaient perdu les dernières traces de leur éducation civilisée.

这三个人已经失去了文明成长的最后一丝痕迹。

Dépouillé de glamour et de romantisme, le voyage dans l'Arctique est devenu brutalement réel.

北极旅行失去了魅力和浪漫，变得残酷而真实。

C'était une réalité trop dure pour leur sens de la virilité et de la féminité.

对于他们的男子气概和女人味而言，这个现实太过残
酷。

Mercedes ne pleurait plus pour les chiens, mais maintenant elle pleurait seulement pour elle-même.

梅赛德斯不再为狗哭泣，现在只为自己哭泣。

Elle passait son temps à pleurer et à se disputer avec Hal et Charles.

她一直哭泣并与哈尔和查尔斯争吵。

Se disputer était la seule chose qu'ils n'étaient jamais trop fatigués de faire.

争吵是他们永远不会厌倦的一件事。

Leur irritabilité provenait de la misère, grandissait avec elle et la surpassait.

他们的烦躁源自痛苦，并随着痛苦而增长，最终超越
痛苦。

La patience du sentier, connue de ceux qui peinent et souffrent avec bienveillance, n'est jamais venue.

那些辛勤劳作、忍受痛苦的人所知道的耐心之路从未
到来。

Cette patience, qui garde la parole douce malgré la douleur, leur était inconnue.

他们不知道，在痛苦中，耐心能让言语保持甜美。

Ils n'avaient aucune trace de patience, aucune force tirée de la souffrance avec grâce.

他们没有一丝耐心，也没有从忍受痛苦中获得力量。

Ils étaient raides de douleur : leurs muscles, leurs os et leur cœur étaient douloureux.

他们因疼痛而僵硬——肌肉、骨头和心脏都在疼痛。

À cause de cela, ils devinrent acerbes et prompts à prononcer des paroles dures.

因此，他们的言辞变得尖刻，而且容易说出恶毒的话

Chaque jour commençait et se terminait par des voix en colère et des plaintes amères.

每天的开始和结束都是在愤怒的声音和痛苦的抱怨中
。

Charles et Hal se disputaient chaque fois que Mercedes leur en donnait l'occasion.

只要梅赛德斯给他们机会，查尔斯和哈尔就会争吵起来。

Chaque homme estimait avoir fait plus que sa juste part du travail.

每个人都认为自己所做的工作超过了自己应承担的份额。

Aucun des deux n'a jamais manqué une occasion de le dire, encore et encore.

他们俩都不会错过一次又一次表达自己观点的机会。

Parfois, Mercedes se rangeait du côté de Charles, parfois du côté de Hal.

有时梅赛德斯站在查尔斯一边，有时站在哈尔一边。

Cela a conduit à une grande et interminable querelle entre les trois.

这导致三人之间爆发了一场巨大而无休止的争吵。

Une dispute sur la question de savoir qui devait couper le bois de chauffage est devenue incontrôlable.

关于谁应该砍柴的争论愈演愈烈。

Bientôt, les pères, les mères, les cousins et les parents décédés ont été nommés.

很快，父亲、母亲、表亲和已故亲属的名字就被列出来了。

Les opinions de Hal sur l'art ou les pièces de son oncle sont devenues partie intégrante du combat.

哈尔对艺术的看法或他叔叔的戏剧成为了争论的一部分。

Les convictions politiques de Charles sont également entrées dans le débat.

查尔斯的政治信仰也进入了争论之中。

Pour Mercedes, même les ragots de la sœur de son mari semblaient pertinents.

对于梅赛德斯来说，就连她丈夫姐姐的八卦似乎也与她有关。

Elle a exprimé son opinion sur ce sujet et sur de nombreux défauts de la famille de Charles.

她对此以及查尔斯家族的许多缺点发表了自己的看法

Pendant qu'ils se disputaient, le feu restait éteint et le camp à moitié monté.

当他们争吵的时候，火还没有点燃，营地也只搭了一半。

Pendant ce temps, les chiens restaient froids et sans nourriture.

与此同时，狗仍然处于寒冷之中，并且没有任何食物

Mercedes avait un grief qu'elle considérait comme profondément personnel.

梅赛德斯心里怀着深深的个人怨恨。

Elle se sentait maltraitée en tant que femme, privée de ses doux privilèges.

她觉得自己作为一名女性受到了虐待，被剥夺了应有的温柔权利。

Elle était jolie et douce, et habituée à la chevalerie toute sa vie.

她美丽而温柔，一生都具有骑士精神。

Mais son mari et son frère la traitaient désormais avec impatience.

但她的丈夫和兄弟现在对她很不耐烦。

Elle avait pour habitude d'agir comme si elle était impuissante, et ils commencèrent à se plaindre.

她习惯于表现得无助，于是他们开始抱怨。

Offensée par cela, elle leur rendit la vie encore plus difficile.

她因此而感到被冒犯，使他们的生活变得更加艰难。

Elle a ignoré les chiens et a insisté pour conduire elle-même le traîneau.

她不理会狗，坚持自己骑雪橇。

Bien que légère en apparence, elle pesait cent vingt livres.

虽然看上去很轻盈，但她的体重却有一百二十磅。

Ce fardeau supplémentaire était trop lourd pour les chiens affamés et faibles.

对于饥饿、虚弱的狗来说，额外的负担实在太重了。

Elle a continué à monter pendant des jours, jusqu'à ce que les chiens s'effondrent sous les rênes.

尽管如此，她还是骑了好几天，直到狗在缰绳上倒下

Le traîneau s'arrêta et Charles et Hal la supplièrent de marcher.

雪橇停了下来，查尔斯和哈尔恳求她走一走。

Ils la supplièrent et la supplièrent, mais elle pleura et les traita de cruels.

他们苦苦哀求，但她却哭泣着说他们残忍。

À une occasion, ils l'ont tirée du traîneau avec force et colère.

有一次，他们用蛮力和愤怒把她从雪橇上拉了下来。

Ils n'ont plus jamais essayé après ce qui s'est passé cette fois-là.

自从那次事件发生之后，他们就再也没有尝试过。

Elle devint molle comme un enfant gâté et s'assit dans la neige.

她像一个被宠坏的孩子一样瘫软地坐在雪地里。

Ils continuèrent leur chemin, mais elle refusa de se lever ou de les suivre.

他们继续前行，但她拒绝起身或跟在后面。

Après trois milles, ils s'arrêtèrent, revinrent et la ramenèrent.

走了三英里后，他们停下来，又返回，并把她抬了回来。

Ils l'ont rechargée sur le traîneau, en utilisant encore une fois la force brute.

他们再次用蛮力将她抬到雪橇上。

Dans leur profonde misère, ils étaient insensibles à la souffrance des chiens.

在深深的痛苦中，他们对狗的痛苦无动于衷。

Hal croyait qu'il fallait s'endurcir et il a imposé cette croyance aux autres.

哈尔认为一个人必须变得坚强，并将这种信念强加于他人。

Il a d'abord essayé de prêcher sa philosophie à sa sœur

他首先尝试向他的妹妹宣扬他的哲学

et puis, sans succès, il prêcha à son beau-frère.

然后，他又向他的姐夫传道，但没有成功。

Il a eu plus de succès avec les chiens, mais seulement parce qu'il leur a fait du mal.

他在训狗方面取得了更大的成功，但这只是因为他伤害了它们。

Chez Five Fingers, la nourriture pour chiens est complètement épuisée.

在 Five Fingers，狗粮已经完全吃完了。

Une vieille squaw édentée a vendu quelques kilos de peau de cheval congelée

一个没有牙齿的老女人卖了几磅冷冻马皮

Hal a échangé son revolver contre la peau de cheval séchée.

哈尔用他的左轮手枪换了一张干马皮。

La viande provenait de chevaux affamés d'éleveurs de bétail des mois auparavant.

这些肉来自几个月前牧场主饿死的马。

Gelée, la peau était comme du fer galvanisé ; dure et immangeable.

冷冻后，兽皮就像镀锌的铁一样，坚硬且无法食用。

Les chiens devaient mâcher la peau sans fin pour la manger.

狗必须不停地咀嚼兽皮才能吃掉它。

Mais les cordes en cuir et les cheveux courts n'étaient guère une nourriture.

但坚韧的绳索和短毛几乎不能提供任何营养。

La majeure partie de la peau était irritante et ne constituait pas véritablement de la nourriture.

大部分兽皮都具有刺激性，并且不是真正意义上的食物。

Et pendant tout ce temps, Buck titubait en tête, comme dans un cauchemar.

而在整个过程中，巴克在前面摇摇晃晃，就像在一场噩梦中一样。

Il tirait quand il le pouvait ; quand il ne le pouvait pas, il restait allongé jusqu'à ce qu'un fouet ou un gourdin le relève.

能拉的时候他就拉；不能拉的时候他就躺着，直到用鞭子或棍棒把他拉起来。

Son pelage fin et brillant avait perdu toute sa rigidité et son éclat d'autrefois.

他那细腻光滑的皮毛已经失去了昔日的坚硬和光泽。

Ses cheveux pendaient, mous, en bataille et coagulés par le sang séché des coups.

他的头发松软、凌乱，上面沾满了被打后留下的干血

Ses muscles se sont réduits à l'état de cordes et ses coussinets de chair étaient tous usés.

他的肌肉萎缩成条状，肉垫全部磨损。

Chaque côte, chaque os apparaissait clairement à travers les plis de la peau ridée.

每根肋骨、每根骨头都透过皱巴巴的皮肤清晰地显露出来。

C'était déchirant, mais le cœur de Buck ne pouvait pas se briser.

这令人心碎，但巴克的心却无法破碎。

L'homme au pull rouge avait testé cela et l'avait prouvé il y a longtemps.

穿红毛衣的男人很久以前就测试过并证明了这一点。

Comme ce fut le cas pour Buck, ce fut le cas pour tous ses coéquipiers restants.

巴克的情况如此，他剩下的队友也同样如此。

Il y en avait sept au total, chacun étant un squelette ambulant de misère.

总共有七个，每一个都是行走的痛苦骷髅。

Ils étaient devenus insensibles au fouet, ne ressentant qu'une douleur lointaine.

他们已经对鞭打麻木了，只感觉到遥远的痛苦。

Même la vue et le son leur parvenaient faiblement, comme à travers un épais brouillard.

他们甚至连视觉和听觉都难以察觉，就像透过浓雾一样。

Ils n'étaient pas à moitié vivants : c'étaient des os avec de faibles étincelles à l'intérieur.

它们不再是半死不活的——

它们只是骨头，里面却闪烁着微弱的火花。

Lorsqu'ils s'arrêtèrent, ils s'effondrèrent comme des cadavres, leurs étincelles presque éteintes.

当它们停下来时，它们就像尸体一样倒下，身上的火花几乎消失了。

Et lorsque le fouet ou le gourdin frappaient à nouveau, les étincelles voltigeaient faiblement.

当鞭子或棍棒再次击打时，火花就会无力地闪烁。

Puis ils se levèrent, titubèrent en avant et traînèrent leurs membres en avant.

然后他们站起身，蹒跚地向前走去，拖着四肢。

Un jour, le gentil Billee tomba et ne put plus se relever du tout.

有一天，善良的比利倒下了，再也站不起来了。

Hal avait échangé son revolver, alors il a utilisé une hache pour tuer Billee à la place.

哈尔已经换了他的左轮手枪，所以他用斧头杀死了比利。

Il le frappa à la tête, puis lui coupa le corps et le traîna.

他击打了那人的头部，然后把他的身体砍断并拖走。

Buck vit cela, et les autres aussi ; ils savaient que la mort était proche.

巴克看到了这一幕，其他人也看到了；他们知道死亡即将来临。

Le lendemain, Koona partit, ne laissant que cinq chiens dans l'équipe affamée.

第二天，库纳就走了，只留下五只饥饿的狗留在队伍里。

Joe, qui n'était plus méchant, était trop loin pour se rendre compte de quoi que ce soit.

乔不再那么卑鄙，但他已经完全失去了意识。

Pike, ne faisant plus semblant d'être blessé, était à peine conscient.

派克不再假装受伤，几乎失去了意识。

Solleks, toujours fidèle, se lamentait de ne plus avoir de force à donner.

索莱克斯仍然忠诚，他哀叹自己没有力量给予。

Teek a été le plus battu parce qu'il était plus frais, mais qu'il s'estompait rapidement.

蒂克之所以遭受打击最为严重，是因为他体能较为充沛，但状态却很快下滑。

Et Buck, toujours en tête, ne maintenait plus l'ordre ni ne le faisait respecter.

而巴克，仍然处于领先地位，不再维持秩序或执行秩序。

À moitié aveugle à cause de sa faiblesse, Buck suivit la piste au toucher seul.

由于虚弱，巴克几乎失去了视力，只能凭感觉追踪。

C'était un beau temps printanier, mais aucun d'entre eux ne l'a remarqué.

春天的天气真好，但他们却没有一个人注意到。

Chaque jour, le soleil se levait plus tôt et se couchait plus tard qu'avant.

每天太阳都比以前升得更早，落得更晚。

À trois heures du matin, l'aube était arrivée ; le crépuscule durait jusqu'à neuf heures.

凌晨三点，黎明到来；暮色一直持续到晚上九点。

Les longues journées étaient remplies du plein soleil printanier.

漫长的日子里，春日的阳光灿烂无比。

Le silence fantomatique de l'hiver s'était transformé en un murmure chaleureux.

冬日里幽灵般的寂静已变成温暖的低语。

Toute la terre s'éveillait, animée par la joie des êtres vivants.
整片大地都苏醒了，充满了生机勃勃的欢乐。

Le bruit provenait de ce qui était resté mort et immobile pendant l'hiver.
这声音来自冬天里死寂的土地。

Maintenant, ces choses bougeaient à nouveau, secouant le long sommeil de gel.
现在，那些东西又动了起来，摆脱了漫长的霜冻沉睡

La sève montait à travers les troncs sombres des pins en attente.
树液正从等待的松树的黑色树干中涌出。

Les saules et les trembles font apparaître de jeunes bourgeons brillants sur chaque brindille.
柳树和白杨树的每根小枝上都冒出了鲜艳的嫩芽。

Les arbustes et les vignes se parent d'un vert frais tandis que les bois prennent vie.
树林里充满了生机，灌木和藤蔓也披上了新的绿装。

Les grillons chantaient la nuit et les insectes rampaient au soleil.
蟋蟀在夜晚鸣叫，虫子在白天阳光下爬行。

Les perdrix résonnaient et les pics frappaient profondément dans les arbres.
鹧鸪鸣叫，啄木鸟在树丛深处啄木。

Les écureuils bavardaient, les oiseaux chantaient et les oies klaxonnaient au-dessus des chiens.
松鼠叽叽喳喳，鸟儿歌唱，鹅在狗的叫声中鸣叫。

Les oiseaux sauvages arrivaient en groupes serrés, volant vers le haut depuis le sud.
野禽成群结队，从南方飞来。

De chaque colline venait la musique des ruisseaux cachés et impétueux.
每座山坡上都传来隐秘的、奔腾的溪水的音乐。

Toutes choses ont dégelé et se sont brisées, se sont pliées et ont repris leur mouvement.
一切事物都解冻、断裂、弯曲，然后重新开始运动。

Le Yukon s'efforçait de briser les chaînes de froid de la glace gelée.

育空河竭尽全力挣脱冰冻冰层的束缚。

La glace fondait en dessous, tandis que le soleil la faisait fondre par le dessus.

冰在下面融化，而太阳从上面融化它。

Des trous d'aération se sont ouverts, des fissures se sont propagées et des morceaux sont tombés dans la rivière.

气孔打开，裂缝扩大，大块碎石掉入河中。

Au milieu de toute cette vie débordante et flamboyante, les voyageurs titubaient.

在这片生机勃勃、绚烂夺目的生命中，旅人们步履蹒跚。

Deux hommes, une femme et une meute de huskies marchaient comme des morts.

两个男人、一个女人和一群哈士奇像死人一样行走。

Les chiens tombaient, Mercedes pleurait, mais continuait à conduire le traîneau.

狗不断摔倒，梅赛德斯哭了，但仍然骑着雪橇。

Hal jura faiblement et Charles cligna des yeux à travers ses yeux larmoyants.

哈尔无力地咒骂了一句，查尔斯则眨着泪眼。

Ils tombèrent sur le camp de John Thornton à l'embouchure de la rivière White.

他们跌跌撞撞地闯入了怀特河河口附近的约翰·桑顿的营地。

Lorsqu'ils s'arrêtèrent, les chiens s'effondrèrent, comme s'ils étaient tous morts.

当他们停下来时，狗就倒下了，好像全部死了一样。

Mercedes essuya ses larmes et regarda John Thornton.

梅赛德斯擦干眼泪，看着约翰·桑顿。

Charles s'assit sur une bûche, lentement et raidement, souffrant du sentier.

查尔斯坐在一根圆木上，动作缓慢而僵硬，因为走了这么远的路而感到疼痛。

Hal parlait pendant que Thornton sculptait l'extrémité d'un manche de hache.

当桑顿雕刻斧柄末端时，哈尔负责讲话。

Il taillait du bois de bouleau et répondait par des réponses brèves et fermes.

他削着桦木，并给出了简短而坚定的回答。

Lorsqu'on lui a demandé son avis, il a donné des conseils, certain qu'ils ne seraient pas suivis.

当被问及时，他给出了建议，但肯定不会被采纳。

Hal a expliqué : « Ils nous ont dit que la glace du sentier disparaissait. »

哈尔解释说："他们告诉我们，路上的冰正在融化。"

« Ils ont dit que nous devions rester sur place, mais nous sommes arrivés à White River. »

"他们说我们应该留在原地——
但我们还是到达了白河。"

Il a terminé sur un ton moqueur, comme pour crier victoire dans les difficultés.

他最后用一种嘲讽的语气说道，仿佛在宣告苦难中的胜利。

« Et ils t'ont dit la vérité », répondit doucement John Thornton à Hal.

"他们告诉你的是真的，"约翰·桑顿平静地回答哈尔。

La glace peut céder à tout moment, elle est prête à tomber.

"冰随时可能崩塌——它随时都会掉下来。"

« Seuls un peu de chance et des imbéciles ont pu arriver jusqu'ici en vie. »

"只有盲目的运气和傻瓜才能活着走到今天。"

« Je vous le dis franchement, je ne risquerais pas ma vie pour tout l'or de l'Alaska. »

"我实话告诉你，我不会为了阿拉斯加的所有黄金而冒生命危险。"

« C'est parce que tu n'es pas un imbécile, je suppose »,
répondit Hal.

"我想那是因为你不是傻瓜，"哈尔回答道。

« Tout de même, nous irons à Dawson. » Il déroula son
fouet.

"不管怎样，我们还是要去道森。"他解开了鞭子。

« Monte là-haut, Buck ! Salut ! Debout ! Vas-y ! » cria-t-il
durement.

"快上来，巴克！嗨！起来！快！"他厉声喊道。

Thornton continuait à tailler, sachant que les imbéciles
n'entendraient pas la raison.

桑顿继续削木头，他知道傻瓜不会听道理。

Arrêter un imbécile était futile, et deux ou trois imbéciles ne
changeaient rien.

阻止一个傻瓜是徒劳的——
两三个傻瓜被骗也改变不了什么。

Mais l'équipe n'a pas bougé au son de l'ordre de Hal.

但听到哈尔的命令，队伍却没有动。

Désormais, seuls les coups pouvaient les faire se relever et
avancer.

现在，只有打击才能让他们站起来并向前迈进。

Le fouet claquait encore et encore sur les chiens affaiblis.

鞭子一次又一次地抽打着那些虚弱的狗。

John Thornton serra fermement ses lèvres et regarda en
silence.

约翰·桑顿紧闭双唇，默默地看着。

Solleks fut le premier à se relever sous le fouet.

索莱克斯第一个在鞭子下爬起来。

Puis Teek le suivit, tremblant. Joe poussa un cri en se
relevant.

蒂克也跟着他，浑身颤抖。乔踉跄着爬起来，发出一
声尖叫。

Pike a essayé de se relever, a échoué deux fois, puis est
finalement resté debout, chancelant.

派克尝试站起来，失败了两次，最后摇摇晃晃地站了
起来。

Mais Buck resta là où il était tombé, sans bouger du tout cette fois.

但巴克躺在倒下的地方，一动不动。

Le fouet le frappait à plusieurs reprises, mais il ne faisait aucun bruit.

鞭子一遍遍地抽打着他，但他却没有发出任何声音。

Il n'a pas bronché ni résisté, il est simplement resté immobile et silencieux.

他没有退缩或反抗，只是保持静止和安静。

Thornton remua plus d'une fois, comme pour parler, mais ne le fit pas.

桑顿动了好几次，似乎想说话，但又没有说。

Ses yeux s'humidifièrent, et le fouet continuait à claquer contre Buck.

他的眼睛湿润了，但鞭子仍然抽打着巴克。

Finalement, Thornton commença à marcher lentement, ne sachant pas quoi faire.

最后，桑顿开始慢慢地踱步，不知道该做什么。

C'était la première fois que Buck échouait, et Hal devint furieux.

这是巴克第一次失败，哈尔非常愤怒。

Il a jeté le fouet et a pris la lourde massue à la place.

他扔掉鞭子，拿起沉重的棍棒。

Le gourdin en bois s'abattit violemment, mais Buck ne se releva toujours pas pour bouger.

木棍重重地砸了下来，但巴克仍然没有起身动弹。

Comme ses coéquipiers, il était trop faible, mais plus que cela.

和他的队友一样，他太弱了——但还不止于此。

Buck avait décidé de ne pas bouger, quoi qu'il arrive.

巴克决定不管接下来发生什么，都不动。

Il sentait quelque chose de sombre et de certain planer juste devant lui.

他感觉到前方有某种黑暗而确定的东西在徘徊。

Cette peur l'avait saisi dès qu'il avait atteint la rive du fleuve.

他一到达河岸就感到恐惧。

Cette sensation ne l'avait pas quitté depuis qu'il sentait la glace s'amincir sous ses pattes.

自从他感觉到爪子下的冰变薄以来，这种感觉就一直没有消失。

Quelque chose de terrible l'attendait – il le sentait juste au bout du sentier.

某种可怕的事情正在等待着他——

他感觉到它就在小路的尽头。

Il n'allait pas marcher vers cette terrible chose devant lui.

他不会走向前面那个可怕的东西

Il n'allait pas obéir à un quelconque ordre qui le conduirait à cette chose.

他不会服从任何带他去做那件事的命令。

La douleur des coups ne l'atteignait plus guère, il était trop loin.

现在他几乎感觉不到打击的痛苦了——

他已经筋疲力尽了。

L'étincelle de vie vacillait faiblement, s'affaiblissant sous chaque coup cruel.

生命的火花在每一次残酷的打击下都摇曳不定，变得暗淡。

Ses membres semblaient lointains ; tout son corps semblait appartenir à un autre.

他的四肢感觉很遥远；他的整个身体似乎属于另一个人。

Il ressentit un étrange engourdissement alors que la douleur disparaissait complètement.

当疼痛完全消失时，他感到一种奇怪的麻木感。

De loin, il sentait qu'il était battu, mais il le savait à peine.

从很远的地方，他就感觉到自己被打败了，但几乎不知道。

Il pouvait entendre les coups sourds faiblement, mais ils ne faisaient plus vraiment mal.

他能隐隐听到砰砰的声音，但已经不再感到疼痛了。

Les coups ont porté, mais son corps ne semblait plus être le sien.

打击仍在，但他的身体似乎不再是他自己的了。

Puis, soudain, sans prévenir, John Thornton poussa un cri sauvage.

突然，没有任何预兆，约翰·桑顿发出一声狂野的叫喊。

C'était inarticulé, plus le cri d'une bête que celui d'un homme.

它的声音含糊不清，与其说是人的叫声，不如说是野兽的叫声。

Il sauta sur l'homme avec la massue et renversa Hal en arrière.

他向手持棍棒的男子扑去，并将哈尔击退。

Hal vola comme s'il avait été frappé par un arbre, atterrissant durement sur le sol.

哈尔像被树击中一样飞了出去，重重地摔在地上。

Mercedes a crié de panique et s'est agrippée au visage.

梅赛德斯惊慌地大声尖叫并捂住自己的脸。

Charles se contenta de regarder, s'essuya les yeux et resta assis.

查尔斯只是看着，擦了擦眼睛，然后坐着。

Son corps était trop raide à cause de la douleur pour se lever ou aider au combat.

他的身体因疼痛而僵硬，无法站起来或参与战斗。

Thornton se tenait au-dessus de Buck, tremblant de fureur, incapable de parler.

桑顿站在巴克身边，气得浑身发抖，说不出话来。

Il tremblait de rage et luttait pour trouver sa voix à travers elle.

他愤怒得浑身发抖，努力发出自己的声音。

« Si tu frappes encore ce chien, je te tue », dit-il finalement.

"如果你再打那条狗，我就杀了你，"他最后说道。

Hal essuya le sang de sa bouche et s'avança à nouveau.

哈尔擦掉嘴上的血，再次走上前来。

« C'est mon chien », murmura-t-il. « Dégage, ou je te répare. »

"这是我的狗，"他低声说道，"走开，不然我就揍你。"

« Je vais à Dawson, et vous ne m'en empêcherez pas », a-t-il ajouté.

"我要去道森，你别阻止我，"他补充道。

Thornton se tenait fermement entre Buck et le jeune homme en colère.

桑顿坚定地站在巴克和愤怒的年轻人之间。

Il n'avait aucune intention de s'écarter ou de laisser passer Hal.

他没有让开或让哈尔过去的意思。

Hal sortit son couteau de chasse, long et dangereux à la main.

哈尔拔出手中那把又长又危险的猎刀。

Mercedes a crié, puis pleuré, puis ri dans une hystérie sauvage.

梅赛德斯尖叫起来，然后哭泣，最后歇斯底里地大笑起来。

Thornton frappa la main de Hal avec le manche de sa hache, fort et vite.

桑顿用斧头柄猛烈而快速地击打哈尔的手。

Le couteau s'est détaché de la main de Hal et a volé au sol.

刀从哈尔手中脱落，飞落到地上。

Hal essaya de ramasser le couteau, et Thornton frappa à nouveau ses jointures.

哈尔试图拿起刀，桑顿再次敲击他的指关节。

Thornton se baissa alors, attrapa le couteau et le tint.

然后桑顿弯下腰，抓起刀，握住它。

D'un coup rapide de manche de hache, il coupa les rênes de Buck.

他用斧柄快速砍了两下，砍断了巴克的缰绳。

Hal n'avait plus aucune résistance et s'éloigna du chien.

哈尔再也没有抵抗的迹象，他从狗身边退了回去。

De plus, Mercedes avait désormais besoin de ses deux bras pour se maintenir debout.

此外，梅赛德斯现在需要双臂来保持直立。

Buck était trop proche de la mort pour pouvoir à nouveau tirer un traîneau.

巴克已经濒临死亡，无法再拉雪橇了。

Quelques minutes plus tard, ils se sont retirés et ont descendu la rivière.

几分钟后，他们起航，顺流而下。

Buck leva faiblement la tête et les regarda quitter la banque.

巴克无力地抬起头，目送他们离开银行。

Pike a mené l'équipe, avec Solleks à l'arrière dans la roue.

派克（Pike）带领团队，索莱克斯（Solleks）则在队伍后方担任方向盘手。

Joe et Teek marchaient entre eux, tous deux boitant d'épuisement.

乔和蒂克走在中间，两人都因疲惫而一瘸一拐。

Mercedes s'assit sur le traîneau et Hal saisit le long mât.

梅赛德斯坐在雪橇上，哈尔则紧握着长长的北极熊杆。

Charles trébuchait derrière, ses pas maladroits et incertains.

查尔斯跌跌撞撞地跟在后面，脚步笨拙而蹒跚。

Thornton s'agenouilla près de Buck et chercha doucement des os cassés.

桑顿跪在巴克身边，轻轻地摸索着他断裂的骨头。

Ses mains étaient rudes mais bougeaient avec gentillesse et attention.

他的双手粗糙，却充满善良和关怀。

Le corps de Buck était meurtri mais ne présentait aucune blessure durable.

巴克的身体受了伤，但没有留下永久的伤痕。

Ce qui restait, c'était une faim terrible et une faiblesse quasi totale.

剩下的只有极度的饥饿和近乎完全的虚弱。

Au moment où cela fut clair, le traîneau était déjà loin en aval.

等到一切明朗起来时，雪橇已经顺着河流走了很远。

L'homme et le chien regardaient le traîneau ramper lentement sur la glace fissurée.

男人和狗看着雪橇慢慢地爬过龟裂的冰面。

Puis, ils virent le traîneau s'enfoncer dans un creux.

然后，他们看到雪橇陷入了一个凹陷中。

Le mât s'est envolé, Hal s'y accrochant toujours en vain.

导航杆飞了起来，哈尔仍然徒劳地抓住它。

Le cri de Mercedes les atteignit à travers la distance froide.

梅赛德斯的尖叫声穿过寒冷的距离传到了他们耳中。

Charles se retourna et recula, mais il était trop tard.

查尔斯转身向后退——但是已经太迟了。

Une calotte glaciaire entière a cédé et ils sont tous tombés à travers.

整个冰盖崩塌了，他们都掉了下去。

Les chiens, le traîneau et les gens ont disparu dans l'eau noire en contrebas.

狗、雪橇和人们都消失在下面的黑色水中。

Il ne restait qu'un large trou dans la glace là où ils étaient passés.

他们经过的地方，冰面上只留下了一个大洞。

Le fond du sentier s'était affaissé, comme Thornton l'avait prévenu.

正如桑顿警告的那样，小路的底部已经塌陷。

Thornton et Buck se regardèrent, silencieux pendant un moment.

桑顿和巴克互相看了一眼，沉默了一会儿。

« Pauvre diable », dit doucement Thornton, et Buck lui lécha la main.

"你这个可怜的家伙，"桑顿轻声说道，巴克舔了舔他的手。

Pour l'amour d'un homme
《为了男人的爱》

John Thornton s'est gelé les pieds dans le froid du mois de décembre précédent.
去年 12 月的寒冷让约翰·桑顿的脚冻伤了。

Ses partenaires l'ont mis à l'aise et l'ont laissé se rétablir seul.
他的伙伴们让他感到舒适并让他独自康复。

Ils remontèrent la rivière pour rassembler un radeau de billes de bois pour Dawson.
他们沿河而上，为道森收集了一筏锯木。

Il boitait encore légèrement lorsqu'il a sauvé Buck de la mort.
当他把巴克从死亡线上救回来时，他仍然有些跛行。

Mais avec le temps chaud qui continue, même cette boiterie a disparu.
但随着天气持续变暖，连那种跛行也消失了。

Allongé au bord de la rivière pendant les longues journées de printemps, Buck se reposait.
漫长的春日里，巴克躺在河岸边休息。

Il regardait l'eau couler et écoutait les oiseaux et les insectes.
他看着流水，聆听鸟鸣虫叫。

Lentement, Buck reprit ses forces sous le soleil et le ciel.
在阳光和天空的照耀下，巴克慢慢地恢复了体力。

Un repos merveilleux après avoir parcouru trois mille kilomètres.
旅途三千里之后，休息一下感觉真好。

Buck est devenu paresseux à mesure que ses blessures guérissaient et que son corps se remplissait.

随着伤口的愈合和身体的长大，巴克变得懒惰起来。

Ses muscles se raffermirent et la chair revint recouvrir ses os.

他的肌肉变得结实，血肉重新覆盖住他的骨头。

Ils se reposaient tous : Buck, Thornton, Skeet et Nig.

他们都在休息——巴克、桑顿、斯基特和尼格。

Ils attendaient le radeau qui allait les transporter jusqu'à Dawson.

他们等待着载他们去道森的木筏。

Skeet était un petit setter irlandais qui s'est lié d'amitié avec Buck.

斯基特是一只小爱尔兰塞特犬，它和巴克是好朋友。

Buck était trop faible et malade pour lui résister lors de leur première rencontre.

第一次见面时，巴克因身体虚弱、病情严重而无法拒绝她。

Skeet avait le trait de guérisseur que certains chiens possèdent naturellement.

斯基特具有某些狗天生具有的治疗特质。

Comme une mère chatte, elle lécha et nettoya les blessures à vif de Buck.

就像一只母猫一样，她舔舐并清理巴克的伤口。

Chaque matin, après le petit-déjeuner, elle répétait son travail minutieux.

每天早晨吃完早餐后，她又重复着细致的工作。

Buck s'attendait à son aide autant qu'à celle de Thornton.

巴克开始期待她的帮助，就像他期待桑顿的帮助一样。

Nig était également amical, mais moins ouvert et moins affectueux.

Nig 也很友好，但不太开放，也不太热情。

Nig était un gros chien noir, à la fois chien de Saint-Hubert et chien de chasse.

尼格是一只大黑狗，一半是猎犬，一半是猎鹿犬。

Il avait des yeux rieurs et une infinie bonne nature dans son esprit.

他有着爱笑的眼睛和无尽的善良。

À la surprise de Buck, aucun des deux chiens n'a montré de jalousie envers lui.

令巴克惊讶的是，两只狗都没有对他表现出嫉妒。

Skeet et Nig ont tous deux partagé la gentillesse de John Thornton.

Skeet 和 Nig 都秉承了 John Thornton 的善良。

À mesure que Buck devenait plus fort, ils l'ont attiré dans des jeux de chiens stupides.

随着巴克变得越来越强壮，他们引诱他参与愚蠢的狗游戏。

Thornton jouait souvent avec eux aussi, incapable de résister à leur joie.

桑顿也经常和它们一起玩耍，无法抗拒它们的快乐。

De cette manière ludique, Buck est passé de la maladie à une nouvelle vie.

巴克就这样嬉戏的方式从病痛中走向了新生。

L'amour – un amour véritable, brûlant et passionné – était enfin à lui.

他终于得到了爱情——真挚、炽热、热烈的爱情。

Il n'avait jamais connu ce genre d'amour dans le domaine de Miller.

他在米勒的庄园里从未感受到过这种爱。

Avec les fils du juge, il avait partagé le travail et l'aventure.

他与法官的儿子们一起工作、一起冒险。

Chez les petits-fils, il vit une fierté raide et vantarde.

在这些孙子身上，他看到了僵硬而自负的骄傲。

Il entretenait avec le juge Miller lui-même une amitié respectueuse.

他与米勒法官本人保持着令人尊敬的友谊。

Mais l'amour qui était feu, folie et adoration est venu avec Thornton.

但桑顿却对爱情充满了热情、疯狂和崇拜。

Cet homme avait sauvé la vie de Buck, et cela seul signifiait beaucoup.

这个人救了巴克的命，仅此一点就意义重大。

Mais plus que cela, John Thornton était le type de maître idéal.

但更重要的是，约翰·桑顿是一位理想的大师。

D'autres hommes s'occupaient de chiens par devoir ou par nécessité professionnelle.

其他人则出于职责或业务需要而照顾狗。

John Thornton prenait soin de ses chiens comme s'ils étaient ses enfants.

约翰·桑顿照顾他的狗就像照顾自己的孩子一样。

Il prenait soin d'eux parce qu'il les aimait et qu'il ne pouvait tout simplement pas s'en empêcher.

他关心他们，因为他爱他们，而且他根本就无法控制自己。

John Thornton a vu encore plus loin que la plupart des hommes n'ont jamais réussi à voir.

约翰·桑顿的眼光比大多数人看得更远。

Il n'oubliait jamais de les saluer gentiment ou de leur adresser un mot d'encouragement.

他从不忘记热情地问候他们，或者说一句鼓励的话。

Il adorait s'asseoir avec les chiens pour de longues conversations, ou « gazeuses », comme il disait.

他喜欢和狗坐在一起长谈，或者用他的话说，"聊聊天"。

Il aimait saisir brutalement la tête de Buck entre ses mains fortes.

他喜欢用强壮的手粗鲁地抓住巴克的头。

Puis il posa sa tête contre celle de Buck et le secoua doucement.

然后他把自己的头靠在巴克的头上，轻轻地摇晃着他。

Pendant tout ce temps, il traitait Buck de noms grossiers qui signifiaient de l'amour pour Buck.

他一直用粗鲁的名字辱骂巴克，但对巴克来说，这其实是爱。

Pour Buck, cette étreinte brutale et ces mots ont apporté une joie profonde.

对于巴克来说，那个粗暴的拥抱和那些话语给他带来了深深的快乐。

Son cœur semblait se déchaîner de bonheur à chaque mouvement.

他的每一个动作都让他的心快乐得仿佛要跳起来。

Lorsqu'il se releva ensuite, sa bouche semblait rire.

当他随后跳起来时，他的嘴看起来像是在笑。

Ses yeux brillaient et sa gorge tremblait d'une joie inexprimée.

他的眼睛闪闪发光，喉咙因无言的喜悦而颤抖。

Son sourire resta figé dans cet état d'émotion et d'affection rayonnante.

在那种激动和炽热的爱意中，他的笑容静止不动。

Thornton s'exclama alors pensivement : « Mon Dieu ! Il peut presque parler ! »

然后桑顿若有所思地惊呼道："天哪！他几乎能说话了！"

Buck avait une étrange façon d'exprimer son amour qui causait presque de la douleur.

巴克表达爱的方式很奇怪，几乎会造成痛苦。

Il serrait souvent très fort la main de Thornton entre ses dents.

他经常用牙齿紧紧咬住桑顿的手。

La morsure allait laisser des marques profondes qui resteraient un certain temps après.

咬伤会留下深深的痕迹，并且会持续一段时间。

Buck croyait que ces serments étaient de l'amour, et Thornton savait la même chose.

巴克相信这些誓言就是爱，桑顿也这么认为。

Le plus souvent, l'amour de Buck se manifestait par une adoration silencieuse, presque silencieuse.

大多数时候，巴克的爱表现为安静、几乎无声的崇拜

Bien qu'il soit ravi lorsqu'on le touche ou qu'on lui parle, il ne cherche pas à attirer l'attention.

尽管当被触摸或被说话时他很兴奋，但他并不寻求关注。

Skeet a poussé son nez sous la main de Thornton jusqu'à ce qu'il la caresse.

斯基特用鼻子轻轻推着桑顿的手，直到他抚摸她。

Nig s'approcha tranquillement et posa sa grosse tête sur le genou de Thornton.

尼格静静地走上前去，将他的大脑袋靠在桑顿的膝盖上。

Buck, au contraire, se contentait d'aimer à distance respectueuse.

相比之下，巴克满足于保持距离去爱。

Il resta allongé pendant des heures aux pieds de Thornton, alerte et observant attentivement.

他连续几个小时躺在桑顿的脚边，保持警惕并密切观察。

Buck étudiait chaque détail du visage de son maître et le moindre mouvement.

巴克仔细观察主人脸上的每一个细节和最细微的动作

Ou bien il était allongé plus loin, étudiant la silhouette de l'homme en silence.

或者躺在更远的地方，默默地观察着那个男人的身影

Buck observait chaque petit mouvement, chaque changement de posture ou de geste.

巴克观察着每一个细微的动作、每一个姿势或手势的变化。

Ce lien était si puissant qu'il attirait souvent le regard de Thornton.

这种联系如此强大，常常吸引桑顿的目光。

Il rencontra les yeux de Buck sans un mot, l'amour brillant clairement à travers.

他无言地看着巴克的眼睛，眼中却闪耀着爱意。

Pendant longtemps après avoir été sauvé, Buck n'a jamais laissé Thornton hors de vue.

获救后很长一段时间，巴克都没有让桑顿离开他的视线。

Chaque fois que Thornton quittait la tente, Buck le suivait de près à l'extérieur.

每当桑顿离开帐篷时，巴克都会紧紧跟随他出去。

Tous les maîtres sévères du Northland avaient fait que Buck avait peur de faire confiance.

北国所有严酷的主人都让巴克不敢相信。

Il craignait qu'aucun homme ne puisse rester son maître plus d'un court instant.

他担心没有人能够长期担任他的主人。

Il craignait que John Thornton ne disparaisse comme Perrault et François.

他担心约翰·桑顿会像佩罗和弗朗索瓦一样消失。

Même la nuit, la peur de le perdre hantait le sommeil agité de Buck.

甚至在晚上，失去他的恐惧仍然困扰着巴克不安的睡眠。

Quand Buck se réveilla, il se glissa dehors dans le froid et se dirigea vers la tente.

巴克醒来后，便蹑手蹑脚地走进寒冷的帐篷。

Il écoutait attentivement le doux bruit de la respiration à l'intérieur.

他仔细聆听里面轻微的呼吸声。

Malgré l'amour profond de Buck pour John Thornton, la nature sauvage est restée vivante.

尽管巴克深爱着约翰·桑顿，但荒野依然存在。

Cet instinct primitif, éveillé dans le Nord, n'a pas disparu.

在北方被唤醒的原始本能并没有消失。

L'amour a apporté la dévotion, la loyauté et le lien chaleureux du coin du feu.

爱情带来奉献、忠诚和炉边的温暖纽带。

Mais Buck a également conservé son instinct sauvage, vif et toujours en alerte.

但巴克也保留着他的野性本能，敏锐而警惕。

Il n'était pas seulement un animal de compagnie apprivoisé venu des terres douces de la civilisation.

他不仅仅是一只来自文明柔软土地的驯服宠物。

Buck était un être sauvage qui était venu s'asseoir près du feu de Thornton.

巴克是个野人，他来到桑顿的火堆旁坐着。

Il ressemblait à un chien du Southland, mais la sauvagerie vivait en lui.

他看上去像一条南国狗，但内心却充满野性。

Son amour pour Thornton était trop grand pour permettre de voler cet homme.

他对桑顿的爱太深了，他不允许桑顿偷窃他的东西。

Mais dans n'importe quel autre camp, il volerait avec audace et sans relâche.

但在任何其他营地，他都会大胆地、毫不犹豫地偷窃。

Il était si habile à voler que personne ne pouvait l'attraper ou l'accuser.

他偷窃非常聪明，所以没有人能抓住他或指控他。

Son visage et son corps étaient couverts de cicatrices dues à de nombreux combats passés.

他的脸上和身上布满了过去多次战斗留下的伤疤。

Buck se battait toujours avec acharnement, mais maintenant il se battait avec plus de ruse.

巴克的战斗依然凶猛，但现在他的战斗更加狡猾。

Skeet et Nig étaient trop doux pour se battre, et ils appartenaient à Thornton.

Skeet 和 Nig 性格太温和，不适合打架，而且他们是 Thornton 的。

Mais tout chien étranger, aussi fort ou courageux soit-il, cédait.

但任何陌生的狗，无论多么强壮或勇敢，都会屈服。

Sinon, le chien se retrouvait à lutter contre Buck, à se battre pour sa vie.

否则，这只狗就会发现自己正在与巴克搏斗；为自己的生命而战。

Buck n'a eu aucune pitié une fois qu'il a choisi de se battre contre un autre chien.

一旦巴克选择与另一只狗打架，它就不会留情面。

Il avait bien appris la loi du gourdin et des crocs dans le Nord.

他在北国已经很好地学会了棍棒和尖牙的法则。

Il n'a jamais abandonné un avantage et n'a jamais reculé devant la bataille.

他从不放弃优势，也从不退缩。

Il avait étudié les Spitz et les chiens les plus féroces de la poste et de la police.

他研究过斯皮茨犬以及最凶猛的邮犬和警犬。

Il savait clairement qu'il n'y avait pas de juste milieu dans un combat sauvage.

他很清楚，野外战斗中没有中间地带。

Il doit gouverner ou être gouverné ; faire preuve de miséricorde signifie faire preuve de faiblesse.

他必须统治，否则就被统治；表现出仁慈就意味着表现出软弱。

La miséricorde était inconnue dans le monde brut et brutal de la survie.

在残酷而原始的生存世界中，仁慈是不存在的。

Faire preuve de miséricorde était perçu comme de la peur, et la peur menait rapidement à la mort.

表现出仁慈会被视为恐惧，而恐惧很快就会导致死亡

L'ancienne loi était simple : tuer ou être tué, manger ou être mangé.

旧法律很简单：杀或被杀，吃或被吃。

Cette loi venait des profondeurs du temps, et Buck la suivait pleinement.

这条法则源自时间的深处，而巴克也完全遵循了它。

Buck était plus vieux que son âge et que le nombre de respirations qu'il prenait.

巴克的年龄比他的实际年龄和呼吸次数要大。

Il a clairement relié le passé ancien au moment présent.

他将古老的过去与现在清晰地联系在一起。

Les rythmes profonds des âges le traversaient comme les marées.

时代的深沉韵律如同潮水般涌过他的心头。

Le temps pulsait dans son sang aussi sûrement que les saisons faisaient bouger la terre.

时间在他的血液中跳动，就如季节在地球上移动一样。

Il était assis près du feu de Thornton, la poitrine forte et les crocs blancs.

他坐在桑顿的火堆旁，胸膛强健，牙齿洁白。

Sa longue fourrure ondulait, mais derrière lui, les esprits des chiens sauvages observaient.

他的长毛飘扬，但在他身后，野狗的灵魂注视着他。

Des demi-loups et des loups à part entière s'agitaient dans son cœur et dans ses sens.

半狼与全狼在他的内心和感官中激荡。

Ils goûtèrent sa viande et burent la même eau que lui.

他们尝了他的肉，喝了和他一样的水。

Ils reniflaient le vent à ses côtés et écoutaient la forêt.

他们和他一起嗅着风的气息，聆听着森林的声音。

Ils murmuraient la signification des sons sauvages dans l'obscurité.

他们在黑暗中低声诉说着野外声音的含义。

Ils façonnaient ses humeurs et guidaient chacune de ses réactions silencieuses.

它们塑造了他的情绪并引导他的每一个安静的反应。

Ils se sont couchés avec lui pendant son sommeil et sont devenus une partie de ses rêves profonds.

它们在他睡觉时陪伴着他，成为他深梦的一部分。

Ils rêvaient avec lui, au-delà de lui, et constituaient son esprit même.

他们与他一起做梦，超越他，构成了他的精神。

Les esprits de la nature appelèrent si fort que Buck se sentit attiré.

野性之灵的召唤如此强烈，巴克感觉自己被拉扯着。

Chaque jour, l'humanité et ses revendications s'affaiblissaient dans le cœur de Buck.

在巴克的心里，人类和人类的诉求一天天变得越来越薄弱。

Au plus profond de la forêt, un appel étrange et palpitant allait s'élever.

森林深处，一阵诡异而又惊心动魄的呼唤即将响起。

Chaque fois qu'il entendait l'appel, Buck ressentait une envie à laquelle il ne pouvait résister.

每次听到这个呼唤，巴克就会感到一种无法抗拒的冲动。

Il allait se détourner du feu et des sentiers battus des humains.

他要远离火海，远离人间的道路。

Il allait s'enfoncer dans la forêt, avançant sans savoir pourquoi.

他就要冲进森林，不知道为什么就向前走去。

Il ne remettait pas en question cette attraction, car l'appel était profond et puissant.

他没有质疑这种吸引力，因为这种吸引力深沉而强大。

Souvent, il atteignait l'ombre verte et la terre douce et intacte

他常常到达绿荫和柔软的、未被触及的土地

Mais ensuite, son amour profond pour John Thornton l'a ramené vers le feu.

但随后对约翰·桑顿的强烈爱意又把他拉回到了火堆旁。

Seul John Thornton tenait véritablement le cœur sauvage de Buck entre ses mains.

只有约翰·桑顿真正掌握了巴克狂野的心。

Le reste de l'humanité n'avait aucune valeur ni signification durable pour Buck.

其余人类对巴克来说没有任何持久的价值或意义。

Les étrangers pourraient le féliciter ou caresser sa fourrure avec des mains amicales.

陌生人可能会称赞他或用友好的手抚摸他的皮毛。

Buck resta impassible et s'éloigna à cause de trop d'affection.

巴克不为所动，因受到过多的爱抚而走开了。

Hans et Pete sont arrivés avec le radeau qu'ils attendaient depuis longtemps

汉斯和皮特带着期待已久的木筏来了

Buck les a ignorés jusqu'à ce qu'il apprenne qu'ils étaient proches de Thornton.

巴克一直没有理会他们，直到他得知他们离桑顿很近

Après cela, il les a tolérés, mais ne leur a jamais montré toute sa chaleur.

此后，他容忍了他们，但从未向他们表现出完全的热情。

Il prenait de la nourriture ou des marques de gentillesse de leur part comme s'il leur rendait service.

他接受他们的食物或善意，就好像在给他们做一件好事一样。

Ils étaient comme Thornton : simples, honnêtes et clairs dans leurs pensées.

他们就像桑顿一样——单纯、诚实、思维清晰。

Tous ensemble, ils se rendirent à la scierie de Dawson et au grand tourbillon

他们一起去了道森的锯木厂和大漩涡

Au cours de leur voyage, ils ont appris à comprendre profondément la nature de Buck.

在旅途中，他们深刻理解了巴克的本性。

Ils n'ont pas essayé de se rapprocher comme Skeet et Nig l'avaient fait.

他们并没有像 Skeet 和 Nig 那样试图变得亲密。

Mais l'amour de Buck pour John Thornton n'a fait que s'approfondir avec le temps.

但巴克对约翰·桑顿的爱随着时间的推移而加深。

Seul Thornton pouvait placer un sac sur le dos de Buck en été.

只有桑顿能够在夏天把背包放在巴克的背上。

Quoi que Thornton ordonne, Buck était prêt à l'exécuter pleinement.

无论桑顿命令什么，巴克都愿意完全执行。

Un jour, après avoir quitté Dawson pour les sources du Tanana,

有一天，他们离开道森前往塔纳纳河源头后，

le groupe était assis sur une falaise qui descendait d'un mètre jusqu'au substrat rocheux nu.

这群人坐在一处悬崖上，悬崖下三英尺，露出裸露的基岩。

John Thornton était assis près du bord et Buck se reposait à côté de lui.

约翰·桑顿坐在边缘附近，巴克在他旁边休息。

Thornton eut une pensée soudaine et attira l'attention des hommes.

桑顿突然想到一个主意，并引起了人们的注意。

Il désigna le gouffre et donna un seul ordre à Buck.

他指着峡谷对面，向巴克发出了一个简单的命令。

« Saute, Buck ! » dit-il en balançant son bras au-dessus de la chute.

"跳，巴克！"他一边说，一边把手臂挥向悬崖。

En un instant, il dut attraper Buck, qui sautait pour obéir.

一会儿，他必须抓住巴克，巴克正跳起来服从命令。

Hans et Pete se sont précipités en avant et ont ramené les deux hommes en sécurité.

汉斯和皮特冲上前去，把两人拉回了安全地带。

Une fois que tout fut terminé et qu'ils eurent repris leur souffle, Pete prit la parole.

一切结束后，他们都松了一口气，皮特开口说话了。

« L'amour est étrange », dit-il, secoué par la dévotion féroce du chien.

"这种爱太不可思议了，"他说道，这只狗的强烈忠诚让他很感动。

Thornton secoua la tête et répondit avec un sérieux calme.

桑顿摇摇头，平静而严肃地回答道。

« Non, l'amour est splendide », dit-il, « mais aussi terrible. »

"不，爱情很美好，"他说，"但也很可怕。"

« Parfois, je dois l'admettre, ce genre d'amour me fait peur. »

"有时候，我必须承认，这种爱让我害怕。"

Pete hocha la tête et dit : « Je détesterais être l'homme qui te touche. »

皮特点点头，说道："我可不想成为那个碰你的人。"

Il regarda Buck pendant qu'il parlait, sérieux et plein de respect.

他说话时看着巴克，严肃而充满敬意。

« Py Jingo ! » s'empressa de dire Hans. « Moi non plus, non monsieur. »

"Py Jingo！"汉斯赶紧说道，"我也是，不，先生。"

Avant la fin de l'année, les craintes de Pete se sont réalisées à Circle City.

年底之前，皮特的担忧在 Circle City 变成了现实。

Un homme cruel nommé Black Burton a provoqué une bagarre dans le bar.

一个名叫布莱克·伯顿的残忍男人在酒吧里挑起斗殴

Il était en colère et malveillant, s'en prenant à un nouveau tendre.

他愤怒又恶毒，对一个新手大发雷霆。

John Thornton est intervenu, calme et de bonne humeur comme toujours.

约翰·桑顿走了进来，一如既往地冷静和善良。

Buck était allongé dans un coin, la tête baissée, observant Thornton de près.

巴克躺在角落里，低着头，仔细地注视着桑顿。

Burton frappa soudainement, son coup envoyant Thornton tourner.

伯顿突然出击，一拳将桑顿打得天旋地转。

Seule la barre du bar l'a empêché de s'écraser violemment au sol.

只有酒吧的扶手才能阻止他重重地摔到地面。

Les observateurs ont entendu un son qui n'était ni un aboiement ni un cri.

观察者听到了一种既不是吠叫也不是尖叫的声音

un rugissement profond sortit de Buck alors qu'il se lançait vers l'homme.

巴克向那人冲去，发出一声低沉的吼叫。

Burton a levé le bras et a sauvé sa vie de justesse.

伯顿举起手臂，险些保住了性命。

Buck l'a percuté, le faisant tomber à plat sur le sol.

巴克撞到他，把他撞倒在地。

Buck mordit profondément le bras de l'homme, puis se jeta à la gorge.

巴克深深咬住那人的手臂，然后猛扑向他的喉咙。

Burton n'a pu bloquer que partiellement et son cou a été déchiré.

伯顿只能部分阻挡，脖子被撕开。

Des hommes se sont précipités, les bâtons levés, et ont chassé Buck de l'homme ensanglanté.

人们冲进来，举起棍棒，把巴克从流血的男人身上赶了开来。

Un chirurgien est intervenu rapidement pour arrêter l'écoulement du sang.

外科医生迅速采取行动，止住血液流出。

Buck marchait de long en large et grognait, essayant d'attaquer encore et encore.

巴克一边踱步一边咆哮，试图一次又一次地发起攻击

Seuls les coups de massue l'ont empêché d'atteindre Burton.

只有挥舞的棍棒才能阻止他到达伯顿。

Une réunion de mineurs a été convoquée et tenue sur place.

矿工大会就地召开。

Ils ont convenu que Buck avait été provoqué et ont voté pour le libérer.

他们一致认为巴克是受到了挑衅，并投票决定释放他
。

Mais le nom féroce de Buck résonnait désormais dans tous les camps d'Alaska.

但巴克凶猛的名字如今已在阿拉斯加的每个营地中回荡。

Plus tard cet automne-là, Buck sauva à nouveau Thornton d'une nouvelle manière.

那年秋天晚些时候，巴克再次以一种新的方式拯救了桑顿。

Les trois hommes guidaient un long bateau sur des rapides impétueux.

这三个人正驾驶着一艘长船顺着湍急的河道前行。

Thornton dirigeait le bateau et donnait des indications pour se rendre sur le rivage.

桑顿掌着舵，向海岸线发出指示。

Hans et Pete couraient sur terre, tenant une corde d'arbre en arbre.

汉斯和皮特在陆地上奔跑，抓着绳子从一棵树跑到另一棵树。

Buck suivait le rythme sur la rive, surveillant toujours son maître.

巴克在河岸上不停地行走，始终注视着他的主人。

À un endroit désagréable, des rochers surplombaient les eaux vives.

在一个令人讨厌的地方，岩石在湍急的水流下突出。

Hans lâcha la corde et Thornton dirigea le bateau vers le large.

汉斯松开了绳子，桑顿把船驶向了远处。

Hans sprinta pour rattraper le bateau en passant devant les rochers dangereux.

汉斯冲过危险的岩石，再次赶上船。

Le bateau a franchi le rebord mais a heurté une partie plus forte du courant.

船越过了岩架，但撞上了更强的水流。

Hans a attrapé la corde trop vite et a déséquilibré le bateau.

汉斯抓住绳子太快，导致船失去平衡。

Le bateau s'est retourné et a heurté la berge, cul en l'air.

船翻了，船底朝天地撞上了岸。

Thornton a été jeté dehors et emporté dans la partie la plus sauvage de l'eau.

桑顿被抛出水面并被卷入水面最险恶的地方。

Aucun nageur n'aurait pu survivre dans ces eaux mortelles et tumultueuses.

没有任何游泳者能够在这些致命的湍急水域中生存下来。

Buck sauta instantanément et poursuivit son maître sur la rivière.

巴克立即跳入水中，追着主人顺着河而下。

Après trois cents mètres, il atteignit enfin Thornton.

走了三百码后，他终于到达了桑顿。

Thornton attrapa la queue de Buck, et Buck se tourna vers le rivage.

桑顿抓住了巴克的尾巴，巴克转身向岸边游去。

Il nageait de toutes ses forces, luttant contre la force de l'eau.

他拼尽全力游着，抵抗着水的猛烈阻力。

Ils se déplaçaient en aval plus vite qu'ils ne pouvaient atteindre le rivage.

他们顺流而下的速度比到达岸边的速度还快。

Plus loin, la rivière rugissait plus fort alors qu'elle tombait dans des rapides mortels.

前方，河水咆哮声越来越大，形成致命的急流。

Les rochers fendaient l'eau comme les dents d'un énorme peigne.

岩石像一把巨大梳子的齿一样划破水面。

L'attraction de l'eau près de la chute était sauvage et inévitable.

靠近落差处的水的拉力是巨大而无法避免的。

Thornton savait qu'ils ne pourraient jamais atteindre le rivage à temps.

桑顿知道他们不可能及时到达岸边。

Il a gratté un rocher, s'est écrasé sur un deuxième,

他刮过一块岩石，又撞上另一块，

Et puis il s'est écrasé contre un troisième rocher, l'attrapant à deux mains.

然后他撞上了第三块岩石，用双手抓住了它。

Il lâcha Buck et cria par-dessus le rugissement : « Vas-y, Buck ! Vas-y ! »

他放开巴克，大声喊道："快，巴克！快！"

Buck n'a pas pu rester à flot et a été emporté par le courant.

巴克无法浮在水面上，被水流冲走了。

Il s'est battu avec acharnement, s'efforçant de se retourner, mais n'a fait aucun progrès.

他拼命挣扎，挣扎着转身，但却毫无进展。

Puis il entendit Thornton répéter l'ordre par-dessus le rugissement de la rivière.

然后他听到桑顿在河水的咆哮声中重复了命令。

Buck sortit de l'eau et leva la tête comme pour un dernier regard.

巴克从水里站了起来，抬起头，仿佛要看最后一眼。

puis il se retourna et obéit, nageant vers la rive avec résolution.

然后转身服从，坚决地向岸边游去。

Pete et Hans l'ont tiré à terre au dernier moment possible.

皮特和汉斯在最后一刻将他拉上了岸。

Ils savaient que Thornton ne pourrait s'accrocher au rocher que quelques minutes de plus.

他们知道桑顿只能坚持在岩石上几分钟。

Ils coururent sur la berge jusqu'à un endroit bien au-dessus de l'endroit où il était suspendu.

他们沿着河岸跑去，来到比他悬挂的地方高得多的地方。

Ils ont soigneusement attaché la ligne du bateau au cou et aux épaules de Buck.

他们小心翼翼地将船绳系在巴克的脖子和肩膀上。

La corde était serrée mais suffisamment lâche pour permettre la respiration et le mouvement.

绳子很紧，但又足够松，方便呼吸和活动。

Puis ils le jetèrent à nouveau dans la rivière tumultueuse et mortelle.

然后他们又把他扔进了湍急而致命的河流。

Buck nageait avec audace mais manquait son angle face à la force du courant.

巴克大胆地游着，但却没有游进湍急的水流中。

Il a vu trop tard qu'il allait dépasser Thornton.

他意识到自己即将超越桑顿，但为时已晚。

Hans tira fort sur la corde, comme si Buck était un bateau en train de chavirer.

汉斯猛地拉紧绳子，仿佛巴克是一艘倾覆的小船。

Le courant l'a entraîné vers le fond et il a disparu sous la surface.

水流将他拉下水，他消失在水面之下。

Son corps a heurté la berge avant que Hans et Pete ne le sortent.

在汉斯和皮特将他拉出来之前，他的身体撞到了岸边

Il était à moitié noyé et ils l'ont chassé de l'eau.

他已经半溺水了，他们把他体内的水打出来。

Buck se leva, tituba et s'effondra à nouveau sur le sol.

巴克站起来，踉跄了一下，再次倒在地上。

Puis ils entendirent la voix de Thornton faiblement portée par le vent.

然后他们听到风中隐隐传来桑顿的声音。

Même si les mots n'étaient pas clairs, ils savaient qu'il était proche de la mort.

虽然话语不清楚，但他们知道他已经快要死了。

Le son de la voix de Thornton frappa Buck comme une décharge électrique.

桑顿的声音让巴克如遭电击。

Il sauta et courut sur la berge, retournant au point de lancement.

他跳起来，跑上河岸，回到了出发点。

Ils attachèrent à nouveau la corde à Buck, et il entra à nouveau dans le ruisseau.

他们再次将绳子绑在巴克身上，他再次跳入小溪。

Cette fois, il nagea directement et fermement dans l'eau tumultueuse.

这一次，他直接、坚定地游进了湍急的水流中。

Hans laissa sortir la corde régulièrement tandis que Pete l'empêchait de s'emmêler.

汉斯稳稳地放出绳子，而皮特则负责防止绳子缠结。

Buck a nagé avec acharnement jusqu'à ce qu'il soit aligné juste au-dessus de Thornton.

巴克奋力游动，直到他位于桑顿正上方。

Puis il s'est retourné et a foncé comme un train à toute vitesse.

然后他转身，像一列全速的火车一样冲了下去。

Thornton le vit arriver, se redressa et entoura son cou de ses bras.

桑顿看到他来了，做好了准备，用双臂搂住他的脖子。

Hans a attaché la corde fermement autour d'un arbre alors qu'ils étaient tous les deux entraînés sous l'eau.

汉斯将绳子紧紧地绑在一棵树上，然后把两人都拉下去。

Ils ont dégringolé sous l'eau, s'écrasant contre des rochers et des débris de la rivière.

它们在水下翻滚，撞上岩石和河流碎片。

Un instant, Buck était au sommet, l'instant d'après, Thornton se levait en haletant.

前一刻巴克还在他上面，下一刻桑顿就气喘吁吁地站了起来。

Battus et étouffés, ils se dirigèrent vers la rive et la sécurité.

他们伤痕累累、窒息而亡，只好转向岸边寻求安全。

Thornton a repris connaissance, allongé sur un tronc d'arbre.

桑顿恢复了意识，躺在一根漂流木上。

Hans et Pete ont travaillé dur pour lui redonner souffle et vie.

汉斯和皮特努力帮助他恢复呼吸和生命。

Sa première pensée fut pour Buck, qui gisait immobile et mou.

他首先想到的是巴克，它一动不动地躺在那里。

Nig hurla sur le corps de Buck et Skeet lui lécha doucement le visage.

尼格对着巴克的身体嚎叫，斯基特轻轻地舔着巴克的脸。

Thornton, endolori et meurtri, examina Buck avec des mains prudentes.

桑顿浑身酸痛，浑身瘀伤，他用手小心翼翼地检查巴克。

Il a trouvé trois côtes cassées, mais aucune blessure mortelle chez le chien.

他发现这只狗有三根肋骨断裂，但没有致命伤。

« C'est réglé », dit Thornton. « On campe ici. » Et c'est ce qu'ils firent.

"那就这么定了，"桑顿说。"我们就在这里扎营。"他们就真的扎营了。

Ils sont restés jusqu'à ce que les côtes de Buck soient guéries et qu'il puisse à nouveau marcher.

他们一直待到巴克的肋骨痊愈并能再次行走。

Cet hiver-là, Buck accomplit un exploit qui augmenta encore sa renommée.

那年冬天，巴克完成了一项壮举，进一步提高了他的名气。

C'était moins héroïque que de sauver Thornton, mais tout aussi impressionnant.

这虽然不如拯救桑顿那么英勇，但同样令人印象深刻

À Dawson, les partenaires avaient besoin de provisions pour un long voyage.

在道森，合作伙伴需要为长途旅行提供补给。

Ils voulaient voyager vers l'Est, dans des terres sauvages et intactes.

他们想前往东部，进入未被开发的荒野地区。

L'acte de Buck dans l'Eldorado Saloon a rendu ce voyage possible.

巴克在埃尔多拉多酒吧的行为使得这次旅行成为可能

Tout a commencé avec des hommes qui se vantaient de leurs chiens en buvant un verre.

事情的起因是，男人们边喝酒边吹嘘自己的狗。

La renommée de Buck a fait de lui la cible de défis et de doutes.

巴克的名气使他成为挑战和怀疑的对象。

Thornton, fier et calme, resta ferme dans la défense du nom de Buck.

桑顿骄傲而冷静，坚定地捍卫巴克的名字。

Un homme a déclaré que son chien pouvait facilement tirer deux cents kilos.

一名男子说他的狗可以轻松拉动五百磅的重物。

Un autre a dit six cents, et un troisième s'est vanté d'en avoir sept cents.

另一个人说有六百人，第三个人则夸口有七百人。

« Pfft ! » dit John Thornton, « Buck peut tirer un traîneau de mille livres. »

"噗！"约翰·桑顿说，"巴克能拉动一千磅重的雪橇。"

Matthewson, un roi de Bonanza, s'est penché en avant et l'a défié.

富矿之王马修森倾身向前，向他发起挑战。

« Tu penses qu'il peut mettre autant de poids en mouvement ? »

"你认为他能举起那么大的重量吗？"

« Et tu penses qu'il peut tirer le poids sur une centaine de mètres ? »

"你认为他能把重物拉出足足一百码吗？"

Thornton répondit froidement : « Oui. Buck est assez doué pour le faire. »

桑顿冷冷地回答："是的。巴克足够厉害，可以做到。"

« Il mettra mille livres en mouvement et le tirera sur une centaine de mètres. »

"他会施加一千磅的力，然后把它拉一百码。"

Matthewson sourit lentement et s'assura que tous les hommes entendaient ses paroles.

马修森慢慢地笑了笑，确保所有人都听到了他的话。

« J'ai mille dollars qui disent qu'il ne peut pas. Le voilà. »

"我有一千美元可以证明他不行。就是这样。"

Il a claqué un sac de poussière d'or de la taille d'une saucisse sur le bar.

他把一袋香肠大小的金粉重重地扔在吧台上。

Personne ne dit un mot. Le silence devint pesant et tendu autour d'eux.

没人说话。四周的寂静愈发沉重、紧张。

Le bluff de Thornton – s'il en était un – avait été pris au sérieux.

桑顿的虚张声势——如果算的话——已经被认真对待了。

Il sentit la chaleur monter sur son visage tandis que le sang affluait sur ses joues.

他感到脸上发热，血液涌上脸颊。

Sa langue avait pris le pas sur sa raison à ce moment-là.

那一刻，他的舌头已经超越了他的理智。

Il ne savait vraiment pas si Buck pouvait déplacer mille livres.

他真的不知道巴克是否能搬动一千磅的重量。

Une demi-tonne ! Rien que sa taille lui pesait le cœur.

半吨！光是看着它的大小，就让他心里沉重无比。

Il avait foi en la force de Buck et le pensait capable.

他相信巴克的力量并且认为他有能力。

Mais il n'avait jamais été confronté à ce genre de défi, pas comme celui-ci.

但他从来没有面临过这种挑战，不是这样的。

Une douzaine d'hommes l'observaient tranquillement, attendant de voir ce qu'il allait faire.

十几个人静静地注视着他，等着看他要做什么。

Il n'avait pas d'argent, ni Hans ni Pete.

他没有钱——汉斯和皮特也没有。

« J'ai un traîneau dehors », dit Matthewson froidement et directement.

"我外面有一辆雪橇，"马修森冷冷地直接说道。

« Il est chargé de vingt sacs de cinquante livres chacun, tous de farine.

"里面装了二十袋面粉，每袋五十磅。

« Alors ne laissez pas un traîneau manquant devenir votre excuse maintenant », a-t-il ajouté.

所以现在不要让雪橇丢失成为你的借口，"他补充道

Thornton resta silencieux. Il ne savait pas quels mots lui dire.

桑顿沉默不语，不知道该说什么。

Il regarda les visages autour de lui sans les voir clairement.

他环顾四周，但没看清楚他们的脸。

Il ressemblait à un homme figé dans ses pensées, essayant de redémarrer.

他看上去就像一个陷入沉思的人，试图重新开始。

Puis il a vu Jim O'Brien, un ami de l'époque Mastodon.

然后他见到了吉姆·奥布莱恩（Jim O'Brien），他是 Mastodon 时期的朋友。

Ce visage familier lui a donné un courage qu'il ne savait pas avoir.

那张熟悉的面孔给了他从未意识到的勇气。

Il se tourna et demanda à voix basse : « Peux-tu me prêter mille ? »

他转过身，低声问道："你能借我一千块吗？"

« Bien sûr », dit O'Brien, laissant déjà tomber un lourd sac près de l'or.

"当然可以，" 奥布莱恩说着，已经把一个沉重的袋子扔到了金子旁边。

« Mais honnêtement, John, je ne crois pas que la bête puisse faire ça. »

但说实话，约翰，我不相信那野兽能做到这一点。

Tout le monde dans le Saloon Eldorado s'est précipité dehors pour voir l'événement.

埃尔多拉多酒吧里的每个人都冲到外面观看这一幕。

Ils ont laissé les tables et les boissons, et même les jeux ont été interrompus.

他们离开了桌子和饮料，甚至游戏也暂停了。

Les croupiers et les joueurs sont venus assister à la fin de ce pari audacieux.

庄家和赌徒们纷纷前来见证这场大胆赌注的结束。

Des centaines de personnes se sont rassemblées autour du traîneau dans la rue glacée.

数百人聚集在结冰的街道上的雪橇周围。

Le traîneau de Matthewson était chargé d'une charge complète de sacs de farine.

马修森的雪橇上满载着面粉袋。

Le traîneau était resté immobile pendant des heures à des températures négatives.

雪橇已经在零度以下的气温中停放了几个小时。

Les patins du traîneau étaient gelés et collés à la neige tassée.

雪橇的滑板被紧紧地冻在了厚厚的雪地上。

Les hommes ont offert une cote de deux contre un que Buck ne pourrait pas déplacer le traîneau.

人们以二比一的赔率赌巴克无法移动雪橇。

Une dispute a éclaté sur ce que signifiait réellement « sortir ».

关于"突破"的真正含义，发生了争论。

O'Brien a déclaré que Thornton devrait desserrer la base gelée du traîneau.

奥布莱恩说，桑顿应该松开雪橇冻结的底座。

Buck pourrait alors « sortir » d'un départ solide et immobile.

然后，巴克就可以从坚实、静止的状态下"突围"出来。

Matthewson a soutenu que le chien devait également libérer les coureurs.

马修森认为狗也必须把跑步者救出来。

Les hommes qui avaient entendu le pari étaient d'accord avec le point de vue de Matthewson.

听过赌注的人都同意马修森的观点。

Avec cette décision, les chances sont passées à trois contre un contre Buck.

根据这一裁决，巴克获胜的赔率上升到了三比一。

Personne ne s'est manifesté pour prendre en compte les chances croissantes de trois contre un.

没有人站出来承担越来越大的三比一赔率。

Pas un seul homme ne croyait que Buck pouvait accomplir un tel exploit.

没有一个人相信巴克能够完成这一伟大壮举。

Thornton s'était précipité dans le pari, lourd de doutes.

桑顿带着深深的疑虑匆忙参与了这场赌注。

Il regarda alors le traîneau et l'attelage de dix chiens à côté.

现在他看着雪橇和旁边的十只狗组成的队伍。

En voyant la réalité de la tâche, elle semblait encore plus impossible.

看到这个任务的现实后，它看起来更加不可能了。

Matthewson était plein de fierté et de confiance à ce moment-là.

那一刻，马修森充满了自豪和自信。

« Trois contre un ! » cria-t-il. « Je parie mille de plus, Thornton !

"三比一！"他喊道，"我再赌一千，桑顿！"

« Que dites-vous ? » ajouta-t-il, assez fort pour que tout le monde l'entende.

你说什么？"他补充道，声音大到所有人都能听到。

Le visage de Thornton exprimait ses doutes, mais son esprit s'était élevé.

桑顿脸上露出疑惑，但他的精神已经振奋起来。

Cet esprit combatif ignorait les probabilités et ne craignait rien du tout.

那种战斗精神无视困难，无所畏惧。

Il a appelé Hans et Pete pour apporter tout leur argent sur la table.

他叫来汉斯和皮特，让他们把所有的现金都拿到桌子上。

Il ne leur restait plus grand-chose : seulement deux cents dollars au total.

他们所剩无几了——加起来只有两百美元。

Cette petite somme représentait toute leur fortune pendant les temps difficiles.

这笔小钱就是他们艰难时期的全部财产。

Pourtant, ils ont misé toute leur fortune contre le pari de Matthewson.

尽管如此，他们还是把全部财产押在了马修森的赌注上。

L'attelage de dix chiens a été dételé et éloigné du traîneau.

十只狗组成的队伍被解开，离开了雪橇。

Buck a été placé dans les rênes, portant son harnais familier.

巴克被放在缰绳上，戴着他熟悉的挽具。

Il avait capté l'énergie de la foule et ressenti la tension.

他感受到了人群的活力和紧张气氛。

D'une manière ou d'une autre, il savait qu'il devait faire quelque chose pour John Thornton.

不管怎样，他知道他必须为约翰·桑顿做点什么。

Les gens murmuraient avec admiration devant la fière silhouette du chien.

人们对这只狗骄傲的身影发出赞叹声。

Il était mince et fort, sans une seule once de chair supplémentaire.

他身材精瘦，体魄强健，身上没有一丝多余的肉。

Son poids total de cent cinquante livres n'était que puissance et endurance.

他的全部体重有一百五十磅，全靠力量和耐力。

Le pelage de Buck brillait comme de la soie, épais de santé et de force.

巴克的皮毛像丝绸一样闪闪发光，厚实而富有健康和力量。

La fourrure le long de son cou et de ses épaules semblait se soulever et se hérisser.

他脖子和肩膀上的毛发似乎竖了起来。

Sa crinière bougeait légèrement, chaque cheveu vivant de sa grande énergie.

他的鬃毛微微摇曳，每一根毛发都散发着巨大的能量

Sa large poitrine et ses jambes fortes correspondaient à sa silhouette lourde et robuste.

他宽阔的胸膛和强壮的双腿与他厚重、坚韧的身材相得益彰。

Des muscles ondulaient sous son manteau, tendus et fermes comme du fer lié.

他的外套下肌肉起伏，紧实如铁。

Les hommes le touchaient et juraient qu'il était bâti comme une machine en acier.

人们触摸他并发誓他就像一台钢铁机器。

Les chances ont légèrement baissé à deux contre un contre le grand chien.

大狗获胜的几率略微下降为二比一。

Un homme des bancs de Skookum s'avança en bégayant.
一名来自斯科库姆长凳的男子结结巴巴地向前走去。

« Bien, monsieur ! J'offre huit cents pour lui – avant
l'examen, monsieur ! »

"好，先生！我出价八百英镑买下他——
在考试之前，先生！"

« Huit cents, tel qu'il est en ce moment ! » insista l'homme.

"就他现在的水平，八百！"那人坚持道。

Thornton s'avança, sourit et secoua calmement la tête.
桑顿走上前，微笑着，平静地摇了摇头。

Matthewson est rapidement intervenu avec une voix
d'avertissement et un froncement de sourcils.

马修森皱着眉头，迅速走了进来，发出警告的声音。

« Éloignez-vous de lui », dit-il. « Laissez-lui de l'espace. »

"你必须离他远点，"他说，"给他点空间。"

La foule se tut ; seuls les joueurs continuaient à miser deux
contre un.

人群安静下来，只有赌徒还在提供二比一的赌注。

Tout le monde admirait la carrure de Buck, mais la charge
semblait trop lourde.

每个人都钦佩巴克的体格，但是负荷看起来太大了。

Vingt sacs de farine, pesant chacun cinquante livres,
semblaient beaucoup trop.

二十袋面粉——每袋重五十磅——似乎太多了。

Personne n'était prêt à ouvrir sa bourse et à risquer son
argent.

没有人愿意打开自己的钱袋去冒险。

Thornton s'agenouilla à côté de Buck et prit sa tête à deux
mains.

桑顿跪在巴克身边，双手捧着他的头。

Il pressa sa joue contre celle de Buck et lui parla à l'oreille.
他把脸颊贴在巴克的脸颊上，对着他的耳朵说话。

Il n'y avait plus de secousses enjouées ni d'insultes
affectueuses murmurées.

现在不再有嬉闹的摇晃或低声的爱意侮辱。

Il murmura simplement doucement : « Autant que tu m'aimes, Buck. »

他只是轻声低语道："就像你爱我一样，巴克。"

Buck émit un gémissement silencieux, son impatience à peine contenue.

巴克发出一声安静的呜咽，几乎抑制不住他的渴望。

Les spectateurs observaient avec curiosité la tension qui emplissait l'air.

旁观者好奇地看着气氛紧张。

Le moment semblait presque irréel, comme quelque chose qui dépassait la raison.

那一刻感觉几乎不真实，就像某种超越理性的事情。

Lorsque Thornton se leva, Buck prit doucement sa main dans ses mâchoires.

当桑顿站起来时，巴克轻轻地将他的手放在他的下巴上。

Il appuya avec ses dents, puis relâcha lentement et doucement.

他用牙齿压下去，然后慢慢地、轻轻地放开。

C'était une réponse silencieuse d'amour, non prononcée, mais comprise.

这是爱的无声回答，没有说出口，但却心领神会。

Thornton s'éloigna du chien et donna le signal.

桑顿从狗身边退开一步，然后发出信号。

« Maintenant, Buck », dit-il, et Buck répondit avec un calme concentré.

"现在，巴克，"他说道，巴克以专注而平静的态度回应。

Buck a resserré les traces, puis les a desserrées de quelques centimètres.

巴克把牵引绳拉紧，然后又松开了几英寸。

C'était la méthode qu'il avait apprise ; sa façon de briser le traîneau.

这是他学到的方法；这是他打破雪橇的方法。

« Tiens ! » cria Thornton, sa voix aiguë dans le silence pesant.

"哎呀！"桑顿喊道，在寂静中他的声音很尖锐。

Buck se tourna vers la droite et se jeta de tout son poids.

巴克向右转身，用尽全身的力气猛扑过去。

Le mou disparut et toute la masse de Buck heurta les lignes serrées.

松弛消失了，巴克的整个身体都撞到了绷紧的绳索上。

Le traîneau tremblait et les patins émettaient un bruit de crépitement.

雪橇颤动起来，滑行器发出清脆的噼啪声。

« Haw ! » ordonna Thornton, changeant à nouveau la direction de Buck.

"哈！"桑顿命令道，再次改变了巴克的方向。

Buck répéta le mouvement, cette fois en tirant brusquement vers la gauche.

巴克重复了这一动作，这次他猛地向左拉。

Le traîneau craquait plus fort, les patins claquaient et se déplaçaient.

雪橇发出更响的噼啪声，滑板断裂并移动。

La lourde charge glissait légèrement latéralement sur la neige gelée.

沉重的货物在冻雪上稍微向侧面滑动。

Le traîneau s'était libéré de l'emprise du sentier glacé !

雪橇已经脱离了冰道的束缚！

Les hommes retenaient leur souffle, ignorant qu'ils ne respiraient même pas.

人们屏住呼吸，没有意识到自己甚至没有呼吸。

« Maintenant, TIREZ ! » cria Thornton à travers le silence glacial.

"现在，拉！"桑顿在一片寂静中大声喊道。

L'ordre de Thornton résonna fort, comme le claquement d'un fouet.

桑顿的命令听起来很尖锐，就像鞭子抽打的声音。

Buck se jeta en avant avec un mouvement violent et saccadé.
巴克猛地向前猛冲，发出刺耳的撞击声。

Tout son corps se tendit et se contracta sous l'énorme tension.
由于承受着巨大的压力，他的整个身体都绷紧了。

Des muscles ondulaient sous sa fourrure comme des serpents prenant vie.
他的皮毛下的肌肉起伏不平，就像活过来的蛇一样。

Sa large poitrine était basse, la tête tendue vers l'avant en direction du traîneau.
他宽阔的胸膛低垂着，头向前伸向雪橇。

Ses pattes bougeaient comme l'éclair, ses griffes tranchant le sol gelé.
他的爪子像闪电一样移动，爪子划过冰冻的地面。

Des rainures ont été creusées profondément alors qu'il luttait pour chaque centimètre de traction.
他为了每一寸的牵引力而奋斗，留下了深深的伤痕。

Le traîneau se balança, trembla et commença un mouvement lent et agité.
雪橇摇晃着，颤抖着，开始缓慢而不安地移动。

Un pied a glissé et un homme dans la foule a gémi à haute voix.
一只脚滑了一下，人群中一名男子大声呻吟。

Puis le traîneau s'élança en avant dans un mouvement saccadé et brusque.
然后，雪橇猛地向前猛冲。

Cela ne s'est pas arrêté à nouveau - un demi-pouce... un pouce... deux pouces de plus.
它没有再停下来——
半英寸……一英寸……又两英寸。

Les secousses devinrent plus faibles à mesure que le traîneau commençait à prendre de la vitesse.
随着雪橇速度的加快，颠簸变得越来越小。

Bientôt, Buck tirait avec une puissance douce et régulière.
很快，巴克就能以平稳、均匀、滚动的力量拉动。

Les hommes haletèrent et finirent par se rappeler de respirer à nouveau.

男人们倒吸一口气，终于想起来了。

Ils n'avaient pas remarqué que leur souffle s'était arrêté de stupeur.

他们没有注意到，自己的呼吸已经因敬畏而停止了。

Thornton courait derrière, lançant des ordres courts et joyeux.

桑顿跑在后面，大声喊着简短而欢快的命令。

Devant nous se trouvait une pile de bois de chauffage qui marquait la distance.

前面有一堆柴火标记着距离。

Alors que Buck s'approchait du tas, les acclamations devenaient de plus en plus fortes.

当巴克靠近那堆东西时，欢呼声越来越大。

Les acclamations se sont transformées en rugissement lorsque Buck a dépassé le point d'arrivée.

当巴克越过终点时，欢呼声逐渐升华为咆哮声。

Les hommes ont sauté et crié, même Matthewson a esquissé un sourire.

人们跳起来，欢呼起来，就连马修森也咧嘴笑了。

Les chapeaux volaient dans les airs, les mitaines étaient lancées sans réfléchir ni viser.

帽子在空中飞舞，手套被无意识地抛出。

Les hommes se sont attrapés et se sont serré la main sans savoir à qui.

男人们互相抓住对方并握手，却不知道是谁。

Toute la foule bourdonnait d'une célébration folle et joyeuse.

整个人群沸腾起来，欢欣雀跃。

Thornton tomba à genoux à côté de Buck, les mains tremblantes.

桑顿双手颤抖地跪在巴克身边。

Il pressa sa tête contre celle de Buck et le secoua doucement d'avant en arrière.

他把巴克的头贴在巴克的头上，轻轻地前后摇晃。

Ceux qui s'approchaient l'entendaient maudire le chien avec un amour silencieux.

走近的人听到他默默地咒骂那条狗。

Il a insulté Buck pendant un long moment, doucement, chaleureusement, avec émotion.

他大声咒骂巴克许久——

语气轻柔，热情洋溢，充满感情。

« Bien, monsieur ! Bien, monsieur ! » s'écria précipitamment le roi du Banc Skookum.

"好的，先生！好的，先生！" 斯科库姆长凳之王急忙喊道。

« Je vous donne mille, non, douze cents, pour ce chien, monsieur ! »

"先生，我愿意出一千——不，一千二百——的价钱买这条狗！"

Thornton se leva lentement, les yeux brillants d'émotion.

桑顿慢慢地站了起来，眼里闪烁着激动的光芒。

Les larmes coulaient ouvertement sur ses joues sans aucune honte.

泪水毫无羞耻地顺着脸颊流下来。

« Monsieur », dit-il au roi du banc Skookum, ferme et posé.

"先生，" 他坚定而坚定地对斯库库姆长凳之王说道

« Non, monsieur. Allez au diable, monsieur. C'est ma réponse définitive. »

不，先生。你下地狱吧，先生。这是我的最终答案

Buck attrapa doucement la main de Thornton dans ses mâchoires puissantes.

巴克用强壮的下巴轻轻地抓住桑顿的手。

Thornton le secoua de manière enjouée, leur lien étant plus profond que jamais.

桑顿开玩笑地摇了摇他，他们之间的感情依然深厚。

La foule, émue par l'instant, recula en silence.

人群被这一刻所感动，默默地后退。

Dès lors, personne n'osa interrompre cette affection si sacrée.
从此，再无人敢打扰如此神圣的感情。

Le son de l'appel
呼唤的声音

Buck avait gagné seize cents dollars en cinq minutes.

巴克在五分钟内就赚了一千六百美元。

Cet argent a permis à John Thornton de payer une partie de ses dettes.

这笔钱让约翰·桑顿偿还了部分债务。

Avec le reste de l'argent, il se dirigea vers l'Est avec ses partenaires.

他带着剩余的钱与合伙人一起前往东部。

Ils cherchaient une mine perdue légendaire, aussi vieille que le pays lui-même.

他们寻找一座传说中的失落矿井，其历史与这个国家一样悠久。

Beaucoup d'hommes avaient cherché la mine, mais peu l'avaient trouvée.

许多人都曾寻找过这座矿井，但很少有人找到它。

Plus d'un homme avait disparu au cours de cette quête dangereuse.

在这次危险的探险中，有不少人失踪了。

Cette mine perdue était enveloppée à la fois de mystère et d'une vieille tragédie.

这座失落的矿井被神秘和古老的悲剧所笼罩。

Personne ne savait qui avait été le premier homme à découvrir la mine.

没有人知道第一个发现这座矿井的人是谁。

Les histoires les plus anciennes ne mentionnent personne par son nom.

最古老的故事没有提到任何人的名字。

Il y avait toujours eu là une vieille cabane délabrée.

那里一直有一间古老而摇摇欲坠的小屋。

Des hommes mourants avaient juré qu'il y avait une mine à côté de cette vieille cabane.

垂死之人发誓那间旧木屋旁边有一座矿井。

Ils ont prouvé leurs histoires avec de l'or comme on n'en trouve nulle part ailleurs.

他们用其他地方找不到的黄金证明了他们的故事。

Aucune âme vivante n'avait jamais pillé le trésor de cet endroit.

从来没有人从那里掠夺过宝藏。

Les morts étaient morts, et les morts ne racontent pas d'histoires.

死者已死，死人不会留下任何痕迹。

Thornton et ses amis se dirigèrent donc vers l'Est.

于是桑顿和他的朋友们前往东部。

Pete et Hans se sont joints à eux, amenant Buck et six chiens forts.

皮特和汉斯也加入了进来，他们带来了巴克和六只强壮的狗。

Ils se sont lancés sur un chemin inconnu là où d'autres avaient échoué.

他们踏上了一条别人失败的未知道路。

Ils ont parcouru soixante-dix milles en traîneau sur le fleuve Yukon gelé.

他们乘雪橇沿着冰冻的育空河逆流而上七十英里。

Ils tournèrent à gauche et suivirent le sentier jusqu'au Stewart.

他们向左转，沿着小路进入斯图尔特。

Ils passèrent le Mayo et le McQuestion, poursuivant leur route.

他们经过梅奥和麦奎森，继续前行。

Le Stewart s'est rétréci en un ruisseau, traversant des pics déchiquetés.

斯图尔特河逐渐变成一条小溪，穿过锯齿状的山峰。

Ces pics acérés marquaient l'épine dorsale même du continent.

这些尖锐的山峰标志着这片大陆的脊梁。

John Thornton exigeait peu des hommes ou de la nature sauvage.

约翰·桑顿对人类和荒野的要求很少。

Il ne craignait rien dans la nature et affrontait la nature sauvage avec aisance.

他无所畏惧自然，能够轻松地面对荒野。

Avec seulement du sel et un fusil, il pouvait voyager où il le souhaitait.

仅凭盐和一支步枪，他就能去任何他想去的地方。

Comme les indigènes, il chassait de la nourriture pendant ses voyages.

像当地人一样，他在旅途中捕猎食物。

S'il n'attrapait rien, il continuait, confiant en la chance qui l'attendait.

如果他什么也没抓到，他就会继续前行，相信前方有好运。

Au cours de ce long voyage, la viande était la principale nourriture qu'ils mangeaient.

在这次漫长的旅途中，肉是他们主要的食物。

Le traîneau contenait des outils et des munitions, mais aucun horaire strict.

雪橇上装有工具和弹药，但没有严格的时间表。

Buck adorait cette errance, la chasse et la pêche sans fin.

巴克喜欢这种漫游、无休止的狩猎和钓鱼。

Pendant des semaines, ils ont voyagé jour après jour.

连续数周，他们日复一日地奔波。

D'autres fois, ils établissaient des camps et restaient immobiles pendant des semaines.

其他时候，他们会扎营并静静地待上数周。

Les chiens se reposaient pendant que les hommes creusaient dans la terre gelée.

当人们在冻土中挖掘时，狗在休息。

Ils chauffaient des poêles sur des feux et cherchaient de l'or caché.

他们将锅放在火上加热，寻找隐藏的黄金。

Certains jours, ils souffraient de faim, et d'autres jours, ils faisaient des festins.

有时候他们会挨饿，有时候他们会大吃大喝。

Leurs repas dépendaient du gibier et de la chance de la chasse.

他们的食物取决于猎物和狩猎的运气。

Quand l'été arrivait, les hommes et les chiens chargeaient des charges sur leur dos.

夏天到来的时候，男人和狗就背起重物。

Ils ont fait du rafting sur des lacs bleus cachés dans des forêts de montagne.

他们乘木筏穿过隐藏在山林中的蓝色湖泊。

Ils naviguaient sur des bateaux minces sur des rivières qu'aucun homme n'avait jamais cartographiées.

他们驾驶着细长的船，在从未有人绘制过地图的河流上航行。

Ces bateaux ont été construits à partir d'arbres sciés dans la nature.

这些船是用他们在野外锯的树木建造的。

Les mois passèrent et ils sillonnèrent des terres sauvages et inconnues.

几个月过去了，他们穿越了荒野的未知土地。

Il n'y avait pas d'hommes là-bas, mais de vieilles traces suggéraient qu'il y en avait eu.

那里没有人类，但古老的痕迹却暗示着曾经有人存在

Si la Cabane Perdue était réelle, alors d'autres étaient déjà passés par là.

如果"迷失小屋"是真实存在的，那么其他人一定也曾来过这里。

Ils traversaient des cols élevés dans des blizzards, même pendant l'été.

即使是在夏天，他们也冒着暴风雪穿越山口。

Ils frissonnaient sous le soleil de minuit sur les pentes nues des montagnes.

他们在光秃秃的山坡上，在午夜的阳光下瑟瑟发抖。

Entre la limite des arbres et les champs de neige, ils montaient lentement.

他们在树线和雪原之间缓慢攀登。

Dans les vallées chaudes, ils écrasaient des nuages de moucherons et de mouches.

在温暖的山谷中，他们拍打着成群的蚊虫和苍蝇。

Ils cueillaient des baies sucrées près des glaciers en pleine floraison estivale.

他们在夏季盛开的冰川附近采摘甜浆果。

Les fleurs qu'ils ont trouvées étaient aussi belles que celles du Southland.

他们发现的花和南国的花一样美丽。

Cet automne-là, ils atteignirent une région solitaire remplie de lacs silencieux.

那年秋天，他们到达了一个遍布寂静湖泊的荒凉地区。

La terre était triste et vide, autrefois pleine d'oiseaux et de bêtes.

这片土地曾经充满鸟兽，如今却一片荒凉。

Il n'y avait plus de vie, seulement le vent et la glace qui se formait dans les flaques.

现在没有生命，只有风和水池中形成的冰。

Les vagues s'écrasaient sur les rivages déserts avec un son doux et lugubre.

海浪拍打着空旷的海岸，发出轻柔而悲伤的声音。

Un autre hiver arriva et ils suivirent à nouveau de vieux sentiers lointains.

又一个冬天来临，他们又沿着模糊的旧路前行。

C'étaient les traces d'hommes qui les avaient cherchés bien avant eux.

这些是很久以前搜寻过的人们留下的足迹。

Un jour, ils trouvèrent un chemin creusé profondément dans la forêt sombre.

有一次，他们发现了一条深入黑暗森林的小路。

C'était un vieux sentier, et ils sentaient que la cabane perdue était proche.

这是一条古老的小路，他们感觉失踪的小屋就在附近。

Mais le sentier ne menait nulle part et s'enfonçait dans les bois épais.

但这条小路不知通向何方，消失在茂密的树林中。

Personne ne savait qui avait fait ce sentier et pourquoi.

没人知道是谁开辟了这条小路，以及他们为何开辟这条小路。

Plus tard, ils ont trouvé l'épave d'un lodge caché parmi les arbres.

后来，他们在树林里发现了一间小屋的残骸。

Des couvertures pourries gisaient éparpillées là où quelqu'un avait dormi.

腐烂的毯子散落在曾经有人睡过的地方。

John Thornton a trouvé un fusil à silex à long canon enterré à l'intérieur.

约翰·桑顿（John Thornton）
发现里面埋着一把长管燧发枪。

Il savait qu'il s'agissait d'un fusil de la Baie d'Hudson depuis les premiers jours de son commerce.

他从早期交易时就知道这是哈德逊湾枪。

À cette époque, ces armes étaient échangées contre des piles de peaux de castor.

在那个年代，这种枪是用一堆海狸皮来交换的。

C'était tout : il ne restait aucune trace de l'homme qui avait construit le lodge.

仅此而已——
没有留下任何关于建造这座小屋的人的线索。

Le printemps est revenu et ils n'ont trouvé aucun signe de la Cabane Perdue.

春天又来了，他们却没有发现迷失小屋的踪迹。

Au lieu de cela, ils trouvèrent une large vallée avec un ruisseau peu profond.

他们发现的却是一片宽阔的山谷，山谷里有一条浅浅的小溪。

L'or recouvrait le fond des casseroles comme du beurre jaune et lisse.

金子铺满锅底，就像光滑的黄色黄油一样。

Ils s'arrêtèrent là et ne cherchèrent plus la cabane.

他们就在那里停了下来，不再寻找小屋。

Chaque jour, ils travaillaient et trouvaient des milliers de pièces d'or en poudre.

他们每天辛勤劳作，在金粉中发现了数千颗金子。

Ils ont emballé l'or dans des sacs de peau d'élan, de cinquante livres chacun.

他们将黄金装入驼鹿皮袋中，每袋五十磅。

Les sacs étaient empilés comme du bois de chauffage à l'extérieur de leur petite loge.

这些袋子像柴火一样堆放在他们的小屋外面。

Ils travaillaient comme des géants et les jours passaient comme des rêves rapides.

他们像巨人一样努力工作，日子过得像做梦一样快。

Ils ont amassé des trésors au fil des jours sans fin.

无数的日子一天天过去，他们积累了越来越多的财富

Les chiens n'avaient pas grand-chose à faire, à part transporter de la viande de temps en temps.

除了偶尔运送肉以外，狗几乎没什么事可做。

Thornton chassait et tuait le gibier, et Buck restait allongé près du feu.

桑顿捕猎并杀死了猎物，而巴克则躺在火堆旁。

Il a passé de longues heures en silence, perdu dans ses pensées et ses souvenirs.

他长时间地保持沉默，沉浸在思考和回忆中。

L'image de l'homme poilu revenait de plus en plus souvent à l'esprit de Buck.

那个毛茸茸的男人的形象越来越频繁地出现在巴克的脑海里。

Maintenant que le travail se faisait rare, Buck rêvait en clignant des yeux devant le feu.

现在工作很少了，巴克一边眨着眼睛看着火，一边做着梦。

Dans ces rêves, Buck errait avec l'homme dans un autre monde.

在那些梦里，巴克和那个男人在另一个世界里流浪。

La peur semblait être le sentiment le plus fort dans ce monde lointain.

在那个遥远的世界里，恐惧似乎是最强烈的感觉。

Buck vit l'homme poilu dormir avec la tête baissée.

巴克看到那个毛茸茸的男人低着头睡觉。

Ses mains étaient jointes et son sommeil était agité et interrompu.

他双手紧握，睡眠不安稳。

Il se réveillait en sursaut et regardait avec crainte dans le noir.

他常常突然惊醒，并恐惧地盯着黑暗。

Ensuite, il jetait plus de bois sur le feu pour garder la flamme vive.

然后他会把更多的木头扔进火里以保持火焰明亮。

Parfois, ils marchaient le long d'une plage au bord d'une mer grise et infinie.

有时他们会沿着灰色、无边无际的海滩散步。

L'homme poilu ramassait des coquillages et les mangeait en marchant.

毛人一边走，一边捡贝类吃。

Ses yeux cherchaient toujours des dangers cachés dans l'ombre.

他的眼睛总是搜寻着阴影中隐藏的危险。

Ses jambes étaient toujours prêtes à sprinter au premier signe de menace.

一旦发现威胁，他的双腿就随时准备冲刺。

Ils rampaient à travers la forêt, silencieux et méfiants, côte à côte.

他们并肩悄悄地、警惕地穿过森林。

Buck le suivit sur ses talons, et tous deux restèrent vigilants.

巴克紧随其后，两人都保持警惕。

Leurs oreilles frémissaient et bougeaient, leurs nez reniflaient l'air.

他们的耳朵抽动着，鼻子嗅着空气。

L'homme pouvait entendre et sentir la forêt aussi intensément que Buck.

这个人能像巴克一样敏锐地听到并闻到森林的声音。

L'homme poilu se balançait à travers les arbres avec une vitesse soudaine.

毛茸茸的男人突然加速穿过树林。

Il sautait de branche en branche, sans jamais lâcher prise.

他从一个树枝跳到另一个树枝，始终抓不住树枝。

Il se déplaçait aussi vite au-dessus du sol que sur celui-ci.

他在地面上移动的速度与他在地面上移动的速度一样快。

Buck se souvenait des longues nuits passées sous les arbres, à veiller.

巴克记得自己在树下守夜的漫长时光。

L'homme dormait perché dans les branches, s'accrochant fermement.

男人睡在树枝上，紧紧地抱住树枝。

Cette vision de l'homme poilu était étroitement liée à l'appel des profondeurs.

毛人的这个景象与深沉的呼唤紧密相关。

L'appel résonnait toujours à travers la forêt avec une force obsédante.

那呼唤声依然在森林中回荡，令人难以忘怀。

L'appel remplit Buck de désir et d'un sentiment de joie incessant.

这呼唤让巴克心中充满了渴望和一种不安的喜悦感。

Il ressentait d'étranges pulsions et des frémissements qu'il ne pouvait nommer.

他感觉到一种难以名状的奇怪冲动和激动。

Parfois, il suivait l'appel au plus profond des bois tranquilles.

有时他会追随呼唤，深入寂静的森林。

Il cherchait l'appel, aboyant doucement ou fort au fur et à mesure.

他一边走一边寻找呼唤的声音，轻轻地或尖锐地吠叫

Il renifla la mousse et la terre noire où poussaient les herbes.

他嗅了嗅长满草的苔藓和黑土的味道。

Il renifla de plaisir aux riches odeurs de la terre profonde.

听到深层泥土的浓郁气味，他高兴地哼了一声。

Il s'est accroupi pendant des heures derrière des troncs couverts de champignons.

他在长满真菌的树干后面蹲了几个小时。

Il resta immobile, écoutant les yeux écarquillés chaque petit bruit.

他一动不动，睁大眼睛聆听每一个细微的声音。

Il espérait peut-être surprendre la chose qui avait lancé l'appel.

他或许希望给打电话的人一个惊喜。

Il ne savait pas pourquoi il agissait de cette façon, il le faisait simplement.

他不知道自己为何这么做——他只是这么做了。

Les pulsions venaient du plus profond de moi, au-delà de la pensée ou de la raison.

这种冲动源自内心深处，超越了思考或理性。

Des envies irrésistibles s'emparèrent de Buck sans avertissement ni raison.

无法抗拒的冲动毫无预兆或理由地占据了巴克的心。

Parfois, il somnolait paresseusement dans le camp sous la chaleur de midi.

有时，在正午的酷热中，他在营地里懒洋洋地打瞌睡

Soudain, sa tête se releva et ses oreilles se dressèrent en alerte.

突然，他抬起头，警惕地竖起耳朵。

Puis il se leva d'un bond et se précipita dans la nature sans s'arrêter.

然后他跳了起来，毫不停顿地冲进了荒野。

Il a couru pendant des heures à travers les sentiers forestiers et les espaces ouverts.

他在森林小径和空地上跑了几个小时。

Il aimait suivre les lits des ruisseaux asséchés et espionner les oiseaux dans les arbres.

他喜欢沿着干涸的河床行走并观察树上的鸟儿。

Il pouvait rester caché toute la journée, à regarder les perdrix se pavaner.

他可以整天躲藏着，看着鹧鸪四处走动。

Ils tambourinaient et marchaient, inconscients de la présence de Buck.

他们一边击鼓一边行进，完全没有注意到巴克还在。

Mais ce qu'il aimait le plus, c'était courir au crépuscule en été.

但他最喜欢的还是夏日黄昏时分的奔跑。

La faible lumière et les bruits endormis de la forêt le remplissaient de joie.

昏暗的灯光和令人昏昏欲睡的森林声音让他充满了喜悦。

Il lisait les panneaux forestiers aussi clairement qu'un homme lit un livre.

他能像读书一样清楚地读出森林里的迹象。

Et il cherchait toujours la chose étrange qui l'appelait.

他总是在寻找那召唤他的奇怪事物。

Cet appel ne s'est jamais arrêté : il l'atteignait qu'il soit éveillé ou endormi.

那个呼唤从未停止——
无论他醒着还是睡着，它都能够听到。

Une nuit, il se réveilla en sursaut, les yeux perçants et les oreilles hautes.

一天夜里，他突然惊醒，眼睛锐利，耳朵竖起。

Ses narines se contractaient tandis que sa crinière se dressait en vagues.

他的鼻孔抽动着，鬃毛竖起，像波浪一样。

Du plus profond de la forêt, le son résonna à nouveau, le vieil appel.

森林深处再次传来声音，那古老的呼唤。

Cette fois, le son résonnait clairement, un hurlement long, obsédant et familier.

这一次，声音很清晰，是一声悠长、萦绕心头、熟悉的嚎叫。

C'était comme le cri d'un husky, mais d'un ton étrange et sauvage.

它就像哈士奇的叫声，但语气奇怪而狂野。

Buck reconnut immédiatement le son – il avait entendu exactement le même son depuis longtemps.

巴克立刻就听出了这个声音——
他很久以前就听过这个声音。

Il sauta à travers le camp et disparut rapidement dans les bois.

他冲过营地，迅速消失在树林里。

Alors qu'il s'approchait du bruit, il ralentit et se déplaça avec précaution.

当他靠近声音时，他放慢了速度并小心翼翼地移动。

Bientôt, il atteignit une clairière entre d'épais pins.

很快他就到达了茂密松树之间的一片空地。

Là, debout sur ses pattes arrière, était assis un loup des bois grand et maigre.

那里，坐着一只高大、精瘦的森林狼。

Le nez du loup pointait vers le ciel, résonnant toujours de l'appel.

狼的鼻子指向天空，仍然回荡着叫声。

Buck n'avait émis aucun son, mais le loup s'arrêta et écouta.

巴克没有发出任何声音，但狼却停下来听。

Sentant quelque chose, le loup se tendit, scrutant l'obscurité.

感觉到了什么，狼紧张起来，搜寻着黑暗。

Buck apparut en rampant, le corps bas, les pieds immobiles sur le sol.

巴克悄悄地出现在视野中，身体低垂，双脚静静地踩在地上。

Sa queue était droite, son corps enroulé sous la tension.

他的尾巴笔直，身体因紧张而紧紧蜷缩着。

Il a montré à la fois une menace et une sorte d'amitié brutale.

他既表现出威胁，又表现出一种粗鲁的友谊。

C'était le salut prudent partagé par les bêtes sauvages.

这是野兽之间谨慎的问候。

Mais le loup se retourna et s'enfuit dès qu'il vit Buck.

但狼一看见巴克就转身逃跑了。

Buck se lança à sa poursuite, sautant sauvagement, désireux de le rattraper.

巴克疯狂地跳跃，追赶它，渴望追上它。

Il suivit le loup dans un ruisseau asséché bloqué par un embâcle.

他跟着狼走进了一条被木材堵塞的干涸小溪。

Acculé, le loup se retourna et tint bon.

狼被逼到绝境，转身站稳了脚跟。

Le loup grognait et claquait comme un chien husky pris au piège dans un combat.

狼像一只在战斗中被困住的哈士奇犬一样，发出咆哮和撕咬的声音。

Les dents du loup claquaient rapidement, son corps se hérissant d'une fureur sauvage.

狼的牙齿快速咬合，身上充满狂野的怒火。

Buck n'attaqua pas mais encercla le loup avec une gentillesse prudente.

巴克没有发起攻击，而是小心翼翼地友好地绕着狼转圈。

Il a essayé de bloquer sa fuite par des mouvements lents et inoffensifs.

他试图通过缓慢、无害的动作来阻止自己逃跑。

Le loup était méfiant et effrayé : Buck le dépassait trois fois.

狼很警惕，也很害怕——巴克的体重是它的三倍。

La tête du loup atteignait à peine l'épaule massive de Buck.

狼的头刚好够到巴克宽阔的肩膀。

À l'affût d'une brèche, le loup s'est enfui et la poursuite a repris.

狼发现空隙后，拔腿就跑，追逐再次开始。

Plusieurs fois, Buck l'a coincé et la danse s'est répétée.

巴克多次将他逼到角落，然后又重复同样的舞蹈。

Le loup était maigre et faible, sinon Buck n'aurait pas pu l'attraper.

这只狼又瘦又弱，否则巴克不可能抓住它。

Chaque fois que Buck s'approchait, le loup se retournait et lui faisait face avec peur.

每当巴克靠近时，狼就会转身并惊恐地面对他。

Puis, à la première occasion, il s'est précipité dans les bois une fois de plus.

然后，他一有机会，就再次冲进了树林。

Mais Buck n'a pas abandonné et finalement le loup a fini par lui faire confiance.

但巴克没有放弃，最终狼终于信任了他。

Il renifla le nez de Buck, et les deux devinrent joueurs et alertes.

他嗅了嗅巴克的鼻子，两只巴克变得嬉戏又警觉起来

Ils jouaient comme des animaux sauvages, féroces mais timides dans leur joie.

他们像野生动物一样玩耍，快乐时凶猛，但又害羞。

Au bout d'un moment, le loup s'éloigna au trot avec un calme déterminé.

过了一会儿，狼平静地小跑着走开了。

Il a clairement montré à Buck qu'il voulait être suivi.

他清楚地向巴克表示他想要被跟踪。

Ils couraient côte à côte dans l'obscurité du crépuscule.

他们并肩奔跑在暮色中。

Ils suivirent le lit du ruisseau jusqu'à la gorge rocheuse.

他们沿着河床走进岩石峡谷。

Ils traversèrent une ligne de partage des eaux froide où le ruisseau avait pris sa source.

他们穿过了溪流起源处的寒冷分水岭。

Sur la pente la plus éloignée, ils trouvèrent une vaste forêt et de nombreux ruisseaux.

在远处的山坡上，他们发现了广阔的森林和许多溪流

À travers ce vaste territoire, ils ont couru pendant des heures sans s'arrêter.

在这片广袤的土地上，他们不停地奔跑了几个小时。

Le soleil se leva plus haut, l'air devint chaud, mais ils continuèrent à courir.

太阳越来越高，天气越来越暖，但他们仍继续奔跑。

Buck était rempli de joie : il savait qu'il répondait à son appel.

巴克心里充满了喜悦——
他知道他正在回应他的召唤。

Il courut à côté de son frère de la forêt, plus près de la source de l'appel.

他跑到森林兄弟身边，靠近呼唤声的来源。

De vieux sentiments sont revenus, puissants et difficiles à ignorer.

旧日的感情又回来了，强烈而难以忽视。

C'étaient les vérités derrière les souvenirs de ses rêves.

这就是他梦中记忆的真相。

Il avait déjà fait tout cela auparavant, dans un monde lointain et obscur.

他曾经在一个遥远而阴暗的世界里做过这一切。

Il recommença alors, courant librement avec le ciel ouvert au-dessus.

现在他又这样做了，在开阔的天空下狂奔。

Ils s'arrêtèrent près d'un ruisseau pour boire l'eau froide qui coulait.

他们在一条小溪边停下来喝冰凉的流水。

Alors qu'il buvait, Buck se souvint soudain de John Thornton.

喝酒的时候，巴克突然想起了约翰·桑顿。

Il s'assit en silence, déchiré par l'attrait de la loyauté et de l'appel.

他默默地坐了下来，忠诚和使命的牵引让他心力交瘁

Le loup continua à trotter, mais revint pour pousser Buck à avancer.

狼继续小跑，但又回来催促巴克前进。

Il renifla son nez et essaya de le cajoler avec des gestes doux.

他嗅了嗅他的鼻子，并试图用温柔的动作哄他。

Mais Buck se retourna et reprit le chemin par lequel il était venu.

但巴克却转身，沿着来时的路返回。

Le loup courut à côté de lui pendant un long moment, gémissant doucement.

狼在他旁边跑了很久，小声地哀嚎着。

Puis il s'assit, leva le nez et poussa un long hurlement.

然后他坐下来，抬起鼻子，发出一声长长的嚎叫。

C'était un cri lugubre, qui s'adoucit à mesure que Buck s'éloignait.

这是一声悲伤的哭喊，随着巴克走开，哭喊声渐渐减弱了。

Buck écouta le son du cri s'estomper lentement dans le silence de la forêt.

巴克听着哭喊声渐渐消失在森林的寂静中。

John Thornton était en train de dîner lorsque Buck a fait irruption dans le camp.

当巴克冲进营地时，约翰·桑顿正在吃晚饭。

Buck sauta sauvagement sur lui, le léchant, le mordant et le faisant culbuter.

巴克疯狂地向他扑来，舔他、咬他、把他推倒。

Il l'a renversé, s'est hissé dessus et l'a embrassé sur le visage.

他把他打倒，爬到他身上，亲吻他的脸。

Thornton appelait cela avec affection « jouer le fou du commun ».

桑顿深情地将此称为"愚弄大众"。

Pendant tout ce temps, il maudissait doucement Buck et le secouait d'avant en arrière.

他一直轻轻地咒骂着巴克，并来回摇晃他。

Pendant deux jours et deux nuits entières, Buck n'a pas quitté le camp une seule fois.

整整两天两夜，巴克一次也没有离开营地。

Il est resté proche de Thornton et ne l'a jamais quitté des yeux.

他一直跟在桑顿身边，从不让他离开自己的视线。

Il le suivait pendant qu'il travaillait et le regardait pendant qu'il mangeait.

他跟着他干活，看着他吃饭。

Il voyait Thornton dans ses couvertures la nuit et dehors chaque matin.

他看到桑顿每天晚上钻进毯子里，早上又钻出毯子。

Mais bientôt l'appel de la forêt revint, plus fort que jamais.

但很快森林的呼唤又回来了，而且比以前更加响亮。

Buck devint à nouveau agité, agité par les pensées du loup sauvage.

巴克又开始焦躁起来，他一想到野狼就烦躁不安。

Il se souvenait de la terre ouverte et de la course côte à côte.

他记得在开阔的土地上并肩奔跑。

Il commença à errer à nouveau dans la forêt, seul et alerte.

他再次独自一人，警惕地走进森林。

Mais le frère sauvage ne revint pas et le hurlement ne fut pas entendu.

可是野性兄弟没有回来，也没有听到嚎叫。

Buck a commencé à dormir dehors, restant absent pendant des jours.

巴克开始在外面睡觉，一次出去好几天。

Une fois, il traversa la haute ligne de partage des eaux où le ruisseau commençait.

有一次，他越过了小溪源头处的高分水岭。

Il entra dans le pays des bois sombres et des larges ruisseaux.

他进入了一片有着深色木材和宽阔溪流的土地。

Pendant une semaine, il a erré, à la recherche de signes de son frère sauvage.

他四处游荡了一周，寻找野生兄弟的踪迹。

Il tuait sa propre viande et voyageait à grands pas, sans relâche.

他亲手宰杀了肉，然后迈着不知疲倦的长步前进。

Il pêchait le saumon dans une large rivière qui se jetait dans la mer.

他在一条流入大海的宽阔河流中捕捞鲑鱼。

Là, il combattit et tua un ours noir rendu fou par les insectes.

在那里，他与一只被虫子逼疯的黑熊搏斗并杀死了它

L'ours était en train de pêcher et courait aveuglément à travers les arbres.

这只熊一直在钓鱼，然后盲目地在树林里奔跑。

La bataille fut féroce, réveillant le profond esprit combatif de Buck.

战斗十分激烈，唤醒了巴克深厚的战斗精神。

Deux jours plus tard, Buck est revenu et a trouvé des carcajous près de sa proie.

两天后，巴克回来发现狼獾正围着他的猎物。

Une douzaine d'entre eux se disputaient la viande avec une fureur bruyante.

他们十几个人为了肉吵吵闹闹、争吵不休。

Buck chargea et les dispersa comme des feuilles dans le vent.

巴克冲了过来，把他们像风中的落叶一样吹散了。

Deux loups restèrent derrière, silencieux, sans vie et immobiles pour toujours.

留下了两只狼——沉默、毫无生气、永远一动不动。

La soif de sang était plus forte que jamais.

对鲜血的渴望比以往任何时候都更加强烈。

Buck était un chasseur, un tueur, se nourrissant de créatures vivantes.

巴克是一名猎人、一名杀手，以活物为食。

Il a survécu seul, en s'appuyant sur sa force et ses sens aiguisés.

他依靠自己的力量和敏锐的感觉独自生存了下来。

Il prospérait dans la nature, où seuls les plus résistants pouvaient vivre.

他在野外茁壮成长，那里只有最坚强的人才能生存。

De là, une grande fierté s'éleva et remplit tout l'être de Buck.

从此，一股巨大的自豪感油然而生，充满了巴克的整个身心。

Sa fierté se reflétait dans chacun de ses pas, dans le mouvement de chacun de ses muscles.

他的每一个脚步、每一块肌肉的波动都彰显着他的骄傲。

Sa fierté était aussi claire qu'un discours, visible dans la façon dont il se comportait.

他的骄傲就像言语一样明显，从他的举止中可以看出来。

Même son épais pelage semblait plus majestueux et brillait davantage.

就连他厚厚的皮毛也显得更加威严、更加闪亮。

Buck aurait pu être confondu avec un loup géant.

巴克可能会被误认为是一只巨大的森林狼。

À l'exception du brun sur son museau et des taches au-dessus de ses yeux.

除了口鼻部是棕色的，眼睛上方有斑点。

Et la traînée de fourrure blanche qui courait au milieu de sa poitrine.

还有一条白色的毛发从他的胸部中央垂下来。

Il était encore plus grand que le plus grand loup de cette race féroce.

他甚至比那种凶猛品种中最大的狼还要大。

Son père, un Saint-Bernard, lui a donné de la taille et une ossature lourde.

他的父亲是一只圣伯纳犬，赋予了他高大魁梧的体格

Sa mère, une bergère, a façonné cette masse en forme de loup.

他的母亲是一位牧羊人，她将这个庞然大物塑造成了狼的形状。

Il avait le long museau d'un loup, bien que plus lourd et plus large.

他有着像狼一样的长嘴，但更重、更宽。

Sa tête était celle d'un loup, mais construite à une échelle massive et majestueuse.

他的头是狼头，但体型巨大，威严雄伟。

La ruse de Buck était la ruse du loup et de la nature.

巴克的狡猾是狼的狡猾，是野性的狡猾。

Son intelligence lui vient à la fois du berger allemand et du Saint-Bernard.

他的智力既来自德国牧羊犬，也来自圣伯纳犬。

Tout cela, ajouté à une expérience difficile, faisait de lui une créature redoutable.

所有这些，再加上严酷的经历，使他成为一个可怕的生物。

Il était aussi redoutable que n'importe quelle bête qui parcourait les régions sauvages du nord.

他和北方荒野中游荡的任何野兽一样强大。

Ne se nourrissant que de viande, Buck a atteint le sommet de sa force.

巴克只吃肉，体力就达到了顶峰。

Il débordait de puissance et de force masculine dans chaque fibre de son être.

他的每一个细胞都充满着力量和男性的力量。

Lorsque Thornton lui caressait le dos, ses poils brillaient d'énergie.

当桑顿抚摸他的背部时，他的毛发便闪烁着活力。

Chaque cheveu crépitait, chargé du contact du magnétisme vivant.

每根头发都发出噼啪声，充满了活生生的磁力。

Son corps et son cerveau étaient réglés sur le ton le plus fin possible.

他的身体和大脑已经调整到了最佳状态。

Chaque nerf, chaque fibre et chaque muscle fonctionnaient en parfaite harmonie.

每根神经、纤维和肌肉都完美地协调运作。

À tout son ou toute vue nécessitant une action, il répondait instantanément.

对于任何需要采取行动的声音或景象，他都会立即做出反应。

Si un husky sautait pour attaquer, Buck pouvait sauter deux fois plus vite.

如果哈士奇跳起来攻击，巴克可以跳得快两倍。

Il a réagi plus vite que les autres ne pouvaient le voir ou l'entendre.

他的反应比其他人看到或听到的还要快。

La perception, la décision et l'action se sont produites en un seul instant fluide.

感知、决策和行动都在一个流畅的时刻发生。

En vérité, ces actes étaient distincts, mais trop rapides pour être remarqués.

事实上，这些行为是分开的，但速度太快而难以察觉。

Les intervalles entre ces actes étaient si brefs qu'ils semblaient n'en faire qu'un.

这些动作之间的间隔非常短暂，看起来就像一个动作。

Ses muscles et son être étaient comme des ressorts étroitement enroulés.

他的肌肉和身躯就像紧紧盘绕的弹簧一样。

Son corps débordait de vie, sauvage et joyeux dans sa puissance.

他的身体充满了生命力，充满狂野和快乐。

Parfois, il avait l'impression que la force allait jaillir de lui entièrement.

有时他感觉力量就要从他体内完全爆发出来。

« Il n'y a jamais eu un tel chien », a déclaré Thornton un jour tranquille.

"从来没有过这样的狗，"桑顿在一个平静的日子里说道。

Les partenaires regardaient Buck sortir fièrement du camp.

伙伴们看着巴克骄傲地大步走出营地。

« Lorsqu'il a été créé, il a changé ce que pouvait être un chien », a déclaré Pete.

皮特说："当他被创造出来时，他改变了狗的本质。"

« Par Jésus ! Je le pense moi-même », acquiesça rapidement Hans.

"天哪！我自己也这么认为，"汉斯很快就同意了。

Ils l'ont vu s'éloigner, mais pas le changement qui s'est produit après.

他们看见他离开，却没有看到随后发生的变化。

Dès qu'il est entré dans les bois, Buck s'est complètement transformé.

一进入树林，巴克就完全变了样。

Il ne marchait plus, mais se déplaçait comme un fantôme sauvage parmi les arbres.

他不再行进，而是像树林中的野鬼一样移动。

Il devint silencieux, les pieds comme un chat, une lueur traversant les ombres.

他变得沉默不语，脚步轻快，身影在阴影中闪动。

Il utilisait la couverture avec habileté, rampant sur le ventre comme un serpent.

他熟练地利用掩护，像蛇一样匍匐前进。

Et comme un serpent, il pouvait bondir en avant et frapper en silence.

就像一条蛇，他可以悄无声息地向前跳跃并发起攻击

Il pourrait voler un lagopède directement dans son nid caché.

他可以直接从隐藏的巢穴中偷走一只雷鸟。

Il a tué des lapins endormis sans un seul bruit.

他悄无声息地杀死了熟睡的兔子。

Il pouvait attraper des tamias en plein vol alors qu'ils fuyaient trop lentement.

他可以在半空中抓住逃跑速度太慢的花栗鼠。

Même les poissons dans les bassins ne pouvaient échapper à ses attaques soudaines.

就连池塘里的鱼也无法逃脱他的突然袭击。

Même les castors astucieux qui réparaient les barrages n'étaient pas à l'abri de lui.

甚至连修缮水坝的聪明海狸也无法逃脱他的攻击。

Il tuait pour se nourrir, pas pour le plaisir, mais il préférait tuer ses propres victimes.

他杀生是为了食物，而不是为了乐趣——
但他最喜欢自己杀死的猎物。

Pourtant, un humour sournois traversait certaines de ses chasses silencieuses.

尽管如此，他的一些无声狩猎中仍流露出一种狡黠的幽默。

Il s'est approché des écureuils, mais les a laissés s'échapper.

他悄悄靠近松鼠，却让它们逃走了。

Ils allaient fuir vers les arbres, bavardant dans une rage effrayée.

它们正要逃到树林里，一边发出恐惧和愤怒的声音。

À l'arrivée de l'automne, les orignaux ont commencé à apparaître en plus grand nombre.

随着秋天的到来，驼鹿的数量开始增多。

Ils se sont déplacés lentement vers les basses vallées pour affronter l'hiver.

它们慢慢地迁入低谷，度过冬天。

Buck avait déjà abattu un jeune veau errant.

巴克已经捕获了一头迷路的小牛犊。

Mais il aspirait à affronter des proies plus grandes et plus dangereuses.

但他渴望面对更大、更危险的猎物。

Un jour, à la ligne de partage des eaux, à la tête du ruisseau, il trouva sa chance.

有一天，在分水岭上，在小溪的源头，他找到了机会

Un troupeau de vingt orignaux avait traversé des terres boisées.

一群二十头驼鹿从森林地带走过来。

Parmi eux se trouvait un puissant taureau, le chef du groupe.

其中有一头威武的公牛，它是这群公牛的首领。

Le taureau mesurait plus de six pieds de haut et avait l'air féroce et sauvage.

这头公牛身高超过六英尺，看上去凶猛而狂野。

Il lança ses larges bois, quatorze pointes se ramifiant vers l'extérieur.

他摇晃着宽大的鹿角，十四个角向外分叉。

Les extrémités de ces bois s'étendaient sur sept pieds de large.

这些鹿角的尖端长达七英尺。

Ses petits yeux brûlaient de rage lorsqu'il aperçut Buck à proximité.

当他发现巴克在附近时，他的小眼睛里燃起了愤怒的火焰。

Il poussa un rugissement furieux, tremblant de fureur et de douleur.

他发出一声愤怒的咆哮，因愤怒和痛苦而颤抖。

Une pointe de flèche sortait près de son flanc, empennée et pointue.

一支箭尖从他的侧腹附近伸出，呈羽毛状，十分锋利

Cette blessure a contribué à expliquer son humeur sauvage et amère.

这处伤口解释了他野蛮、痛苦的情绪。

Buck, guidé par un ancien instinct de chasseur, a fait son mouvement.

巴克在古老的狩猎本能的指引下采取了行动。

Son objectif était de séparer le taureau du reste du troupeau.

他的目的是将这头公牛与其他牛群区分开。

Ce n'était pas une tâche facile : il fallait de la rapidité et une ruse féroce.

这不是一件容易的事——它需要速度和敏锐的智慧。

Il aboyait et dansait près du taureau, juste hors de portée.

他在公牛附近吠叫并跳舞，但刚好超出了它的射程。

L'élan s'est précipité avec d'énormes sabots et des bois mortels.

驼鹿用巨大的蹄子和致命的鹿角猛扑过来。

Un seul coup aurait pu mettre fin à la vie de Buck en un clin d'œil.

一次打击就可能瞬间结束巴克的生命。

Incapable de laisser la menace derrière lui, le taureau devint fou.

公牛无法摆脱威胁，变得疯狂。

Il chargea avec fureur, mais Buck s'échappa toujours.

他愤怒地冲锋，但巴克总是溜走。

Buck simula une faiblesse, l'attirant plus loin du troupeau.

巴克假装虚弱，引诱他远离牛群。

Mais les jeunes taureaux allaient charger pour protéger le leader.

但年轻的公牛会冲回来保护领头牛。

Ils ont forcé Buck à battre en retraite et le taureau à rejoindre le groupe.

他们迫使巴克撤退，并迫使公牛重新加入群体。

Il y a une patience dans la nature, profonde et imparable.

野性中蕴藏着一种忍耐，深沉而不可阻挡。

Une araignée attend immobile dans sa toile pendant d'innombrables heures.

一只蜘蛛在网中一动不动地等待了无数个小时。

Un serpent s'enroule sans tressaillement et attend que son heure soit venue.

蛇盘绕着身体，不抽搐，等待时机成熟。

Une panthère se tient en embuscade, jusqu'à ce que le moment arrive.

一只豹子埋伏着，等待时机到来。

C'est la patience des prédateurs qui chassent pour survivre.

这是为了生存而狩猎的掠食者的耐心。

Cette même patience brûlait à l'intérieur de Buck alors qu'il restait proche.

当巴克靠近他时，他的心里也燃烧着同样的耐心。

Il resta près du troupeau, ralentissant sa marche et suscitant la peur.

他待在牛群附近，减缓牛群的行进速度并引起恐惧。

Il taquinait les jeunes taureaux et harcelait les vaches mères.

他戏弄小公牛并骚扰母牛。

Il a plongé le taureau blessé dans une rage encore plus profonde et impuissante.

他让受伤的公牛陷入更深的、无助的狂怒之中。

Pendant une demi-journée, le combat s'est prolongé sans aucun répit.

足足有半天的时间，战斗一直持续着，没有丝毫的停歇。

Buck attaquait sous tous les angles, rapide et féroce comme le vent.

巴克从各个角度发起攻击，速度快如风，凶猛如风。

Il a empêché le taureau de se reposer ou de se cacher avec son troupeau.

他阻止公牛休息或与牛群一起躲藏。

Le cerf a épuisé la volonté de l'élan plus vite que son corps.

巴克消灭驼鹿的意志比消灭它的身体的速度还快。

La journée passa et le soleil se coucha bas dans le ciel du nord-ouest.

一天过去了，太阳低低地沉入西北的天空。

Les jeunes taureaux revinrent plus lentement pour aider leur chef.

年轻的公牛慢慢地返回去帮助它们的首领。

Les nuits d'automne étaient revenues et l'obscurité durait désormais six heures.

秋夜又回来了，黑暗持续了六个小时。

L'hiver les poussait vers des vallées plus sûres et plus chaudes.

冬天迫使他们下山，进入更安全、更温暖的山谷。

Mais ils ne pouvaient toujours pas échapper au chasseur qui les retenait.

但他们仍然无法逃脱阻止他们的猎人。

Une seule vie était en jeu : pas celle du troupeau, mais celle de leur chef.

只有一个人的生命受到威胁——

不是牛群的生命，而是牛群首领的生命。

Cela rendait la menace lointaine et non leur préoccupation urgente.

这使得威胁变得遥远，不再是他们迫切需要关注的问题。

Au fil du temps, ils ont accepté ce prix et ont laissé Buck prendre le vieux taureau.

最终，他们接受了这个代价并让巴克带走了这头老公牛。

Alors que le crépuscule s'installait, le vieux taureau se tenait debout, la tête baissée.

暮色降临，老公牛低着头站着。

Il regarda le troupeau qu'il avait conduit disparaître dans la lumière déclinante.

他看着自己带领的牛群消失在渐渐暗淡的光线中。

Il y avait des vaches qu'il avait connues, des veaux qu'il avait autrefois engendrés.

那里有他认识的母牛，也有他曾经养育过的小牛。

Il y avait des taureaux plus jeunes qu'il avait combattus et dominés au cours des saisons précédentes.

在过去的几个季节里，他曾与一些年轻的公牛搏斗并获胜。

Il ne pouvait pas les suivre, car Buck était à nouveau accroupi devant lui.

他无法跟随他们——因为巴克又蹲在他面前。

La terreur impitoyable aux crocs bloquait tous les chemins qu'il pouvait emprunter.

这只长着无情尖牙的恐怖怪物挡住了他的每一条路。

Le taureau pesait plus de trois cents livres de puissance dense.

这头公牛体重超过三百磅，蕴含着强大的力量。

Il avait vécu longtemps et s'était battu avec acharnement dans un monde de luttes.

他活了很久，并在充满斗争的世界中努力奋斗。

Mais maintenant, à la fin, la mort venait d'une bête bien en dessous de lui.

然而现在，最终，死亡却来自远在他之下的野兽。

La tête de Buck n'atteignait même pas les énormes genoux noueux du taureau.

巴克的头甚至没有抬到公牛巨大的膝盖。

À partir de ce moment, Buck resta avec le taureau nuit et jour.

从那一刻起，巴克就日夜和公牛呆在一起。

Il ne lui a jamais laissé de repos, ne lui a jamais permis de brouter ou de boire.

他从不让他休息，从不让他吃草或喝水。

Le taureau a essayé de manger de jeunes pousses de bouleau et des feuilles de saule.

公牛试图吃嫩桦树芽和柳树叶。

Mais Buck le repoussa, toujours alerte et toujours attaquant.

但巴克把他赶走了，他始终保持警惕，不断发起攻击

Même dans les ruisseaux qui ruisselaient, Buck bloquait toute tentative assoiffée.

即使在涓涓细流旁，巴克也会阻止每一次口渴的尝试。

Parfois, par désespoir, le taureau s'enfuyait à toute vitesse.

有时，公牛绝望了，会全速逃跑。

Buck le laissa courir, galopant calmement juste derrière, jamais très loin.

巴克让他跑，自己则在后面平静地奔跑，不远离。

Lorsque l'élan s'arrêta, Buck s'allongea, mais resta prêt.

当驼鹿停下来时，巴克躺下，但仍保持准备状态。

Si le taureau essayait de manger ou de boire, Buck frappait avec une fureur totale.

如果公牛试图吃东西或喝水，巴克就会愤怒地攻击它

La grosse tête du taureau s'affaissait sous ses vastes bois.

公牛的大脑袋在巨大的鹿角下低垂着。

Son rythme ralentit, le trot devint lourd, une marche trébuchante.

他的步伐慢了下来，小跑变得沉重，步履蹒跚。

Il restait souvent immobile, les oreilles tombantes et le nez au sol.

他经常静静地站着，耳朵和鼻子耷拉在地上。

Pendant ces moments-là, Buck prenait le temps de boire et de se reposer.

在那些时刻，巴克会花时间喝水和休息。

La langue tirée, les yeux fixés, Buck sentait que la terre était en train de changer.

巴克伸出舌头，双眼凝视，感觉到土地正在发生变化

Il sentit quelque chose de nouveau se déplacer dans la forêt et dans le ciel.

他感觉到森林和天空中有一些新的东西在移动。

Avec le retour des orignaux, d'autres créatures sauvages ont fait de même.

随着驼鹿的回归，其他野生动物也随之回归。

La terre semblait vivante, avec une présence invisible mais fortement connue.

这片土地充满生机，虽然看不见，却又为人熟知。

Ce n'était ni par l'ouïe, ni par la vue, ni par l'odorat que Buck le savait.

巴克并不是通过声音、视觉或嗅觉知道这一点的。

Un sentiment plus profond lui disait que de nouvelles forces étaient en mouvement.

一种更深层次的感觉告诉他，新的力量正在行动。

Une vie étrange s'agitait dans les bois et le long des ruisseaux.

奇异的生命在树林和溪流间活跃起来。

Il a décidé d'explorer cet esprit, une fois la chasse terminée.

狩猎结束后，他决定探索这个灵魂。

Le quatrième jour, Buck a finalement abattu l'élan.

第四天，巴克终于把驼鹿打倒了。

Il est resté près de la proie pendant une journée et une nuit entières, se nourrissant et se reposant.

他在猎物旁边呆了一整天一夜，进食、休息。

Il mangea, puis dormit, puis mangea à nouveau, jusqu'à ce qu'il soit fort et rassasié.

他吃饭、睡觉，然后再吃饭，直到他强壮、饱足。

Lorsqu'il fut prêt, il retourna vers le camp et Thornton.

当他准备好时，他转身返回营地和桑顿。

D'un pas régulier, il commença le long voyage de retour vers la maison.

他迈着稳健的步伐，开始了漫长的归途。

Il courait d'un pas infatigable, heure après heure, sans jamais s'égarer.

他不知疲倦地奔跑，一个小时又一个小时，从未走失

À travers des terres inconnues, il se déplaçait droit comme l'aiguille d'une boussole.

在穿越未知的土地时，他像指南针一样笔直地前进。

Son sens de l'orientation faisait paraître l'homme et la carte faibles en comparaison.

相比之下，他的方向感让人类和地图都显得无力。

Tandis que Buck courait, il sentait plus fortement l'agitation dans la terre sauvage.

巴克越跑，就越强烈地感受到荒野的骚动。

C'était un nouveau genre de vie, différent de celui des mois calmes de l'été.

这是一种新的生活，不同于平静的夏季生活。

Ce sentiment n'était plus un message subtil ou distant.

这种感觉不再是一种微妙或遥远的信息。

Maintenant, les oiseaux parlaient de cette vie et les écureuils en bavardaient.

现在鸟儿们谈论着这种生活，松鼠们也喋喋不休地谈论着它。

Même la brise murmurait des avertissements à travers les arbres silencieux.

甚至连微风在寂静的树林间低声发出警告。

Il s'arrêta à plusieurs reprises et respira l'air frais du matin.

他多次停下来，呼吸着早晨的新鲜空气。

Il y lut un message qui le fit bondir plus vite en avant.

他在那里读了一条信息，这让他向前跳跃得更快了。

Un lourd sentiment de danger l'envahit, comme si quelque chose s'était mal passé.

一种浓重的危机感弥漫在他的心头，仿佛有什么事情出了差错。

Il craignait qu'une catastrophe ne se produise – ou ne soit déjà arrivée.

他担心灾难即将来临——或者已经来临。

Il franchit la dernière crête et entra dans la vallée en contrebas.

他越过最后一座山脊，进入了下面的山谷。

Il se déplaçait plus lentement, alerte et prudent à chaque pas.

他走得更慢了，每一步都警惕而谨慎。

À trois milles de là, il trouva une piste fraîche qui le fit se raidir.

走出三英里后，他发现了一条新鲜的小路，这让他感到一阵僵硬。

Les cheveux le long de son cou ondulaient et se hérissaient d'alarme.

他脖子上的毛发惊恐地竖了起来。

Le sentier menait directement au camp où Thornton attendait.

这条小路笔直通向桑顿等候的营地。

Buck se déplaçait désormais plus rapidement, sa foulée à la fois silencieuse et rapide.

巴克现在走得更快了，他的步伐既安静又迅速。

Ses nerfs se sont resserrés lorsqu'il a lu des signes que d'autres allaient manquer.

当他看到别人可能忽略的迹象时，他的神经变得紧张起来。

Chaque détail du sentier racontait une histoire, sauf le dernier morceau.

小径上的每一个细节都讲述着一个故事——
除了最后一段。

Son nez lui parlait de la vie qui s'était déroulée ici.

他的鼻子告诉他这条路上过去的生活。

L'odeur lui donnait une image changeante alors qu'il le suivait de près.

当他紧随其后时，气味使他看到了不断变化的画面。

Mais la forêt elle-même était devenue silencieuse, anormalement immobile.

但森林本身却变得安静，异常安静。

Les oiseaux avaient disparu, les écureuils étaient cachés, silencieux et immobiles.

鸟儿消失了，松鼠也躲了起来，静静地。

Il n'a vu qu'un seul écureuil gris, allongé sur un arbre mort.

他只看到一只灰松鼠趴在一棵枯树上。

L'écureuil se fondait dans la masse, raide et immobile comme une partie de la forêt.

松鼠融入其中，僵硬而一动不动，就像森林的一部分。

Buck se déplaçait comme une ombre, silencieux et sûr à travers les arbres.

巴克像影子一样移动，悄无声息、坚定地穿过树林。

Son nez se souleva sur le côté comme s'il était tiré par une main invisible.

他的鼻子猛地向一侧歪去，仿佛被一只看不见的手拉扯着。

Il se retourna et suivit la nouvelle odeur jusqu'au plus profond d'un fourré.

他转身，循着新的气味走进了灌木丛深处。

Là, il trouva Nig, étendu mort, transpercé par une flèche.

他发现尼格躺在那里死了，身上被箭射穿。

La flèche traversa son corps, laissant encore apparaître ses plumes.

箭杆穿透了他的身体，羽毛仍然露出。

Nig s'était traîné jusqu'ici, mais il était mort avant d'avoir pu obtenir de l'aide.

尼格拖着自己到达那里，但在得到救援之前就死了。

Une centaine de mètres plus loin, Buck trouva un autre chien de traîneau.

再往前走一百码，巴克发现了另一只雪橇犬。

C'était un chien que Thornton avait racheté à Dawson City.

这是桑顿在道森市买回来的一只狗。

Le chien était en proie à une lutte à mort, se débattant violemment sur le sentier.

这只狗正在进行殊死挣扎，在路上拼命挣扎。

Buck le contourna sans s'arrêter, les yeux fixés devant lui.

巴克从他身边走过，没有停留，眼睛直视前方。

Du côté du camp venait un chant lointain et rythmé.

从营地方向传来一阵遥远而有节奏的吟唱声。

Les voix s'élevaient et retombaient sur un ton étrange, inquiétant et chantant.

声音以一种奇怪、怪异、唱歌般的音调响起又落下。

Buck rampa jusqu'au bord de la clairière en silence.

巴克默默地爬到空地的边缘。

Là, il vit Hans étendu face contre terre, percé de nombreuses flèches.

他看到汉斯面朝下躺着，身上中了许多箭。

Son corps ressemblait à celui d'un porc-épic, hérissé de plumes.

他的身体看上去像一只豪猪，身上长满了羽毛。

Au même moment, Buck regarda vers le pavillon en ruine.

与此同时，巴克看向了那间被毁坏的小屋。

Cette vue lui fit dresser les cheveux sur la nuque et les épaules.

这一幕让他脖子和肩膀上的汗毛都竖了起来。

Une tempête de rage sauvage parcourut tout le corps de Buck.

狂暴的怒火席卷了巴克的全身。

Il grogna à haute voix, même s'il ne savait pas qu'il l'avait fait.

他大声咆哮，尽管他不知道自己已经咆哮了。

Le son était brut, rempli d'une fureur terrifiante et sauvage.

那声音很生硬，充满了恐怖、野蛮的愤怒。

Pour la dernière fois de sa vie, Buck a perdu la raison au profit de l'émotion.

巴克一生中最后一次失去了理智，被情感所笼罩。

C'est l'amour pour John Thornton qui a brisé son contrôle minutieux.

正是对约翰·桑顿的爱打破了他小心翼翼的控制。

Les Yeehats dansaient autour de la hutte en épicéa détruite.

伊哈特人正在被毁坏的云杉小屋周围跳舞。

Puis un rugissement retentit et une bête inconnue chargea vers eux.

随后传来一声咆哮——

一只不知名的野兽向他们冲来。

C'était Buck ; une fureur en mouvement ; une tempête vivante de vengeance.

那是巴克；是一股正在运动的狂怒；是一场活生生的复仇风暴。

Il se jeta au milieu d'eux, fou du besoin de tuer.

他冲进他们中间，疯狂地想要杀戮。

Il sauta sur le premier homme, le chef Yeehat, et frappa juste.

他向第一个人，也就是 Yeehat 酋长，猛扑过去，击中了他。

Sa gorge fut déchirée et du sang jaillit à flots.

他的喉咙被撕开，鲜血喷涌而出。

Buck ne s'arrêta pas, mais déchira la gorge de l'homme suivant d'un seul bond.

巴克没有停下来，而是一跃而起，撕开了下一个人的喉咙。

Il était inarrêtable : il déchirait, taillait, ne s'arrêtait jamais pour se reposer.

他势不可挡——不断撕扯、砍杀，永不停歇。

Il s'élança et bondit si vite que leurs flèches ne purent l'atteindre.

他飞快地冲刺，以至于他们的箭无法射到他。

Les Yeehats étaient pris dans leur propre panique et confusion.

耶哈特人也陷入了自己的恐慌和困惑之中。

Leurs flèches manquèrent Buck et se frappèrent l'une l'autre à la place.

他们的箭没有射中巴克，而是射中了彼此。

Un jeune homme a lancé une lance sur Buck et a touché un autre homme.

一名年轻人向巴克扔了一支长矛，并击中了另一个人

La lance lui transperça la poitrine, la pointe lui transperçant le dos.

长矛刺穿了他的胸膛，矛尖刺穿了他的后背。

La terreur s'empara des Yeehats et ils se mirent en retraite.

恐惧席卷了耶哈特人，他们全线撤退。

Ils crièrent à l'Esprit Maléfique et s'enfuirent dans les ombres de la forêt.

他们尖叫着害怕恶魔并逃进了森林的阴影中。

Vraiment, Buck était comme un démon alors qu'il poursuivait les Yeehats.

确实，当巴克追击耶哈特人时，他就像一个恶魔。

Il les poursuivit à travers la forêt, les faisant tomber comme des cerfs.

他穿过森林追赶他们，像猎杀鹿一样将他们击倒。

Ce fut un jour de destin et de terreur pour les Yeehats effrayés.

对于惊恐万分的耶哈特人来说，这一天成为了命运和恐怖的一天。

Ils se dispersèrent à travers le pays, fuyant au loin dans toutes les directions.

他们四散逃窜，逃往各地。

Une semaine entière s'est écoulée avant que les derniers survivants ne se retrouvent dans une vallée.

整整一周后，最后的幸存者在山谷中相遇。

Ce n'est qu'alors qu'ils ont compté leurs pertes et parlé de ce qui s'était passé.

直到那时，他们才计算自己的损失并讲述所发生的事情。

Buck, après s'être lassé de la chasse, retourna au camp en ruine.

巴克追逐累了之后，返回了被毁坏的营地。

Il a trouvé Pete, toujours dans ses couvertures, tué lors de la première attaque.

他发现皮特还盖着毯子，在第一次袭击中丧生。

Les signes du dernier combat de Thornton étaient marqués dans la terre à proximité.

附近的泥土上留下了桑顿最后一次挣扎的痕迹。

Buck a suivi chaque trace, reniflant chaque marque jusqu'à un point final.

巴克跟踪着每一条踪迹，嗅探着每一个痕迹，直到找到最终的点。

Au bord d'un bassin profond, il trouva le fidèle Skeet, allongé immobile.

在一个深水池边，他发现忠实的斯基特一动不动地躺着。

La tête et les pattes avant de Skeet étaient dans l'eau, immobiles dans la mort.

斯基特的头和前爪浸在水中，一动不动，一命呜呼。

La piscine était boueuse et contaminée par les eaux de ruissellement provenant des écluses.

水池很泥泞，被水闸箱里的径流污染了。

Sa surface nuageuse cachait ce qui se trouvait en dessous, mais Buck connaissait la vérité.

阴云密布的表面掩盖了其下的东西，但巴克知道真相

Il a suivi l'odeur de Thornton dans la piscine, mais l'odeur ne menait nulle part ailleurs.

他循着桑顿的气味来到水池里——
但是这气味却没有指向别处。

Aucune odeur ne menait à l'extérieur, seulement le silence des eaux profondes.

没有散发出任何气味——只有深水的寂静。

Toute la journée, Buck resta près de la piscine, arpentant le camp avec chagrin.

巴克整天待在水池附近，悲伤地在营地里踱步。

Il errait sans cesse ou restait assis, immobile, perdu dans ses pensées.

他或焦躁不安地徘徊，或静静地坐着，陷入沉思。

Il connaissait la mort, la fin de la vie, la disparition de tout mouvement.

他知道死亡；生命的终结；一切运动的消失。

Il comprit que John Thornton était parti et ne reviendrait jamais.

他知道约翰·桑顿已经走了，永远不会回来了。

La perte a laissé en lui un vide qui palpitait comme la faim.

失去让他心里空落落的，像饥饿一样悸动。

Mais c'était une faim que la nourriture ne pouvait apaiser, peu importe la quantité qu'il mangeait.

但这是一种食物无法缓解的饥饿，无论他吃多少。

Parfois, alors qu'il regardait les Yeehats morts, la douleur s'estompait.

有时，当他看到死去的伊哈特人时，痛苦就消失了。

Et puis une étrange fierté monta en lui, féroce et complète.

然后，他内心深处升起一股奇怪的骄傲，强烈而彻底

Il avait tué l'homme, le gibier le plus élevé et le plus dangereux de tous.

他杀死了人类，这是最高级、最危险的游戏。

Il avait tué au mépris de l'ancienne loi du gourdin et des crocs.

他违反了棍棒和尖牙的古老法则而杀人。

Buck renifla leurs corps sans vie, curieux et pensif.

巴克好奇而又若有所思地嗅着它们毫无生气的身体。

Ils étaient morts si facilement, bien plus facilement qu'un husky dans un combat.

他们死得太容易了——比打架的哈士奇死得还容易。

Sans leurs armes, ils n'avaient aucune véritable force ni menace.

没有武器，他们就没有真正的力量或威胁。

Buck n'aurait plus jamais peur d'eux, à moins qu'ils ne soient armés.

巴克再也不会害怕他们了，除非他们带着武器。

Ce n'est que lorsqu'ils portaient des gourdins, des lances ou des flèches qu'il se méfiait.

只有当他们携带棍棒、长矛或箭时他才会小心。

La nuit tomba et une pleine lune se leva au-dessus de la cime des arbres.

夜幕降临，一轮圆月高高地升起在树梢之上。

La pâle lumière de la lune baignait la terre d'une douce lueur fantomatique, comme le jour.

月亮的苍白光芒笼罩着大地，使大地笼罩在柔和、幽灵般的光芒之中，如同白昼。

Alors que la nuit s'approfondissait, Buck pleurait toujours au bord de la piscine silencieuse.

夜色越来越深，巴克依然在寂静的水池边哀悼。

Puis il prit conscience d'un autre mouvement dans la forêt.

然后他意识到森林里有不一样的动静。

L'agitation ne venait pas des Yeehats, mais de quelque chose de plus ancien et de plus profond.

这种激动并非来自耶哈特人，而是来自某种更古老、更深层次的东西。

Il se leva, les oreilles dressées, le nez testant la brise avec précaution.

他站起来，竖起耳朵，用鼻子仔细地感受着微风。

De loin, un cri faible et aigu perça le silence.

远处传来一声微弱而尖锐的尖叫，划破了寂静。

Puis un chœur de cris similaires suivit de près le premier.

紧接着，又是一阵类似的哭喊声。

Le bruit se rapprochait, devenant plus fort à chaque instant qui passait.

声音越来越近，而且越来越大。

Buck connaissait ce cri : il venait de cet autre monde dans sa mémoire.

巴克熟悉这声叫喊——
它来自他记忆中的另一个世界。

Il se dirigea vers le centre de l'espace ouvert et écouta attentivement.

他走到空地中央，仔细聆听。

L'appel retentit, multiple et plus puissant que jamais.

号召响起，引起了广泛关注，并且比以往任何时候都更加强大。

Et maintenant, plus que jamais, Buck était prêt à répondre à son appel.

现在，巴克比以往任何时候都更愿意响应他的召唤。

John Thornton était mort et il ne lui restait plus aucun lien avec l'homme.

约翰·桑顿已经死了，他与人类的联系已不复存在。

L'homme et toutes ses prétentions avaient disparu : il était enfin libre.

人类和所有人类的权利都消失了——他终于自由了。

La meute de loups chassait de la viande comme les Yeehats l'avaient fait autrefois.

狼群像耶哈特人曾经做的那样追逐肉食。

Ils avaient suivi les orignaux depuis les terres boisées.

他们跟着驼鹿从林地下来。

Maintenant, sauvages et affamés de proies, ils traversèrent sa vallée.

现在，它们变得狂野，渴望猎物，于是进入了他的山谷。

Ils arrivèrent dans la clairière éclairée par la lune, coulant comme de l'eau argentée.

他们来到月光下的空地上，像银色的水一样流淌。

Buck se tenait immobile au centre, les attendant.

巴克静静地站在中心，一动不动地等待着他们。

Sa présence calme et imposante a stupéfié la meute et l'a plongée dans un bref silence.

他平静而高大的身影让狼群陷入短暂的沉默。

Alors le loup le plus audacieux sauta droit sur lui sans hésitation.

然后，最大胆的狼毫不犹豫地直接向他扑来。

Buck frappa vite et brisa le cou du loup d'un seul coup.

巴克迅速出击，一击就折断了狼的脖子。

Il resta immobile à nouveau tandis que le loup mourant se tordait derrière lui.

当垂死的狼在他身后扭动时，他再次一动不动地站着

Trois autres loups ont attaqué rapidement, l'un après l'autre.

又有三只狼迅速发动了攻击，一只接一只。

Chacun d'eux s'est retiré en sang, la gorge ou les épaules tranchées.

他们每个人都流着血撤退，喉咙或肩膀被割破。

Cela a suffi à déclencher une charge sauvage de toute la meute.

这足以引发整个狼群的疯狂冲锋。

Ils se précipitèrent ensemble, trop impatients et trop nombreux pour bien frapper.

他们一起冲了进来，因为太急切和拥挤而无法进行有效打击。

La vitesse et l'habileté de Buck lui ont permis de rester en tête de l'attaque.

巴克的速度和技巧使他在进攻中保持领先。

Il tournait sur ses pattes arrière, claquant et frappant dans toutes les directions.

他用后腿旋转，向各个方向猛击和攻击。

Pour les loups, cela donnait l'impression que sa défense ne s'était jamais ouverte ou n'avait jamais faibli.

对于狼队来说，这看起来就像他的防守从未打开或动摇过。

Il s'est retourné et a frappé si vite qu'ils ne pouvaient pas passer derrière lui.

他转身猛砍，速度之快让他们根本无法追上他。

Néanmoins, leur nombre l'obligea à céder du terrain et à reculer.

尽管如此，敌军人数众多，迫使他退却。

Il passa devant la piscine et descendit dans le lit rocheux du ruisseau.

他穿过水池，来到岩石河床。

Là, il se heurta à un talus abrupt de gravier et de terre.

在那里，他遇到了一处陡峭的砾石和泥土堤岸。

Il s'est retrouvé coincé dans un coin coupé lors des fouilles des mineurs.

他挤进了矿工们以前挖掘时挖出的一个角落。

Désormais protégé sur trois côtés, Buck ne faisait face qu'au loup de devant.

现在，巴克受到了三面保护，只需面对最前面的狼。

Là, il se tenait à distance, prêt pour la prochaine vague d'assaut.

他在那里坚守阵地，准备迎接下一波攻击。

Buck a tenu bon si farouchement que les loups ont reculé.

巴克死命坚守阵地，狼群都向后退缩了。

Au bout d'une demi-heure, ils étaient épuisés et visiblement vaincus.
半小时后，他们已经筋疲力尽，明显失败了。

Leurs langues pendaient, leurs crocs blancs brillaient au clair de lune.
它们的舌头伸出来，白色的尖牙在月光下闪闪发光。

Certains loups se sont couchés, la tête levée, les oreilles dressées vers Buck.
一些狼躺下，抬起头，竖起耳朵看着巴克。

D'autres restaient immobiles, vigilants et observant chacun de ses mouvements.
其他人则站着不动，警惕地注视着他的一举一动。

Quelques-uns se sont dirigés vers la piscine et ont bu de l'eau froide.
一些人漫步到水池边，舔着冷水。

Puis un loup gris, long et maigre, s'avança doucement.
然后，一只瘦长的灰狼温和地爬了过来。

Buck le reconnut : c'était le frère sauvage de tout à l'heure.
巴克认出了他——他就是之前的那个野蛮兄弟。

Le loup gris gémit doucement, et Buck répondit par un gémissement.
灰狼轻轻地哀嚎了一声，巴克也用哀嚎回应。

Ils se touchèrent le nez, tranquillement et sans menace ni peur.
他们轻轻地碰了碰鼻子，没有任何威胁或恐惧。

Ensuite est arrivé un loup plus âgé, maigre et marqué par de nombreuses batailles.
接下来是一只年长的狼，它因多次战斗而憔悴不堪，身上满是伤疤。

Buck commença à grogner, mais s'arrêta et renifla le nez du vieux loup.
巴克开始咆哮，但停下来嗅了嗅老狼的鼻子。

Le vieux s'assit, leva le nez et hurla à la lune.
老的那只坐下来，扬起鼻子，对着月亮嚎叫。

Le reste de la meute s'assit et se joignit au long hurlement.

其余的狼也坐下来，加入长嚎。

Et maintenant, l'appel est venu à Buck, indubitable et fort.

现在，巴克收到了一个明确而强烈的呼唤。

Il s'assit, leva la tête et hurla avec les autres.

他坐下来，抬起头，和其他人一起嚎叫。

Lorsque les hurlements ont cessé, Buck est sorti de son abri rocheux.

当嚎叫声结束时，巴克走出了岩石庇护所。

La meute se referma autour de lui, reniflant à la fois gentiment et avec prudence.

狼群围住了他，既友善又警惕地嗅着他的气息。

Les chefs ont alors poussé un cri et se sont précipités dans la forêt.

然后领头的那群狼大叫一声，冲进了森林。

Les autres loups suivirent, hurlant en chœur, sauvages et rapides dans la nuit.

其他狼也紧随其后，齐声嚎叫，在夜色中狂野而迅速

Buck courait avec eux, à côté de son frère sauvage, hurlant en courant.

巴克和他们一起奔跑，在他那野性的兄弟旁边，一边跑一边嚎叫。

Ici, l'histoire de Buck fait bien de se terminer.

到这里，巴克的故事终于结束了。

Dans les années qui suivirent, les Yeehats remarquèrent d'étranges loups.

在随后的几年里，伊哈特人注意到了奇怪的狼。

Certains avaient du brun sur la tête et le museau, du blanc sur la poitrine.

有些动物的头部和口鼻部呈棕色，胸部呈白色。

Mais plus encore, ils craignaient une silhouette fantomatique parmi les loups.

但他们更害怕狼群中出现的幽灵。

Ils parlaient à voix basse du Chien Fantôme, chef de la meute.

他们低声谈论着这群狗的首领——幽灵狗。

Ce chien fantôme était plus rusé que le plus audacieux des chasseurs Yeehat.

这只幽灵狗比最大胆的 Yeehat 猎人还要狡猾。

Le chien fantôme a volé dans les camps en plein hiver et a déchiré leurs pièges.

幽灵狗在隆冬时节从营地偷走东西并撕碎了陷阱。

Le chien fantôme a tué leurs chiens et a échappé à leurs flèches sans laisser de trace.

鬼狗杀死了他们的狗，躲过了他们的箭，无影无踪。

Même leurs guerriers les plus courageux craignaient d'affronter cet esprit sauvage.

即使是最勇敢的战士也害怕面对这个野蛮的灵魂。

Non, l'histoire devient encore plus sombre à mesure que les années passent dans la nature.

不，随着荒野中岁月的流逝，故事变得更加黑暗。

Certains chasseurs disparaissent et ne reviennent jamais dans leurs camps éloignés.

一些猎人消失了，再也没有回到遥远的营地。

D'autres sont retrouvés la gorge arrachée, tués dans la neige.

其他人被发现喉咙被撕开，被杀害在雪地里。

Autour de leur corps se trouvent des traces plus grandes que celles que n'importe quel loup pourrait laisser.

它们的身体周围有足迹——

比任何狼留下的足迹都要大。

Chaque automne, les Yeehats suivent la piste de l'élan.

每年秋天，耶哈特人都会追寻驼鹿的踪迹。

Mais ils évitent une vallée avec la peur profondément gravée dans leur cœur.

但他们避开了一个山谷，因为恐惧深深地刻在了他们的心里。

Ils disent que la vallée a été choisie par l'Esprit du Mal pour y vivre.

据说这个山谷是恶魔选定的家园。

Et quand l'histoire est racontée, certaines femmes pleurent près du feu.

当这个故事被讲述出来时，一些妇女在火堆旁哭泣。

Mais en été, un visiteur vient dans cette vallée tranquille et sacrée.

但到了夏天，一位游客来到了那座安静、神圣的山谷

Les Yeehats ne le connaissent pas et ne peuvent pas le comprendre.

耶哈特人不认识他，也无法理解他。

Le loup est un grand loup, revêtu de gloire, comme aucun autre de son espèce.

这只狼非常伟大，浑身散发着荣耀，与同类中其他狼都不一样。

Lui seul traverse le bois vert et entre dans la clairière de la forêt.

他独自一人穿过绿色树林，进入森林空地。

Là, la poussière dorée des sacs en peau d'élan s'infiltre dans le sol.

在那里，驼鹿皮袋里的金色粉末渗入土壤。

L'herbe et les vieilles feuilles ont caché le jaune du soleil.

草和老叶遮住了阳光下的黄色。

Ici, le loup se tient en silence, réfléchissant et se souvenant.

在这里，狼默默地站着，思考着，回忆着。

Il hurle une fois, longuement et tristement, avant de se retourner pour partir.

他转身离开之前，发出一声漫长而悲伤的嚎叫。

Mais il n'est pas toujours seul au pays du froid et de la neige.

然而，在这片寒冷冰雪的土地上，他并不总是孤独的

Quand les longues nuits d'hiver descendent sur les basses vallées.

当漫长的冬夜降临低洼山谷时。

Quand les loups suivent le gibier à travers le clair de lune et le gel.

当狼群在月光和霜冻中追逐猎物时。

Puis il court en tête du peloton, sautant haut et sauvagement.
然后他跑在队伍的最前面，高高跃起，狂野不已。

Sa silhouette domine les autres, sa gorge est animée par le chant.
他的身形高大，嗓音中充满歌声。

C'est le chant du monde plus jeune, la voix de la meute.
这是年轻世界的歌声，是狼群的声音。

Il chante en courant, fort, libre et toujours sauvage.
他一边奔跑一边歌唱——坚强、自由、永远狂野。